オーガニック革命

高城剛
Takashiro Tsuyoshi

a pilot of wisdom

JN264107

目次

オーガニック、それは生活態度すべてに影響するスタイル
オーガニックを選ぶセレブはこんなにいる!
大勢の人でにぎわう週末のオーガニック・マーケット

第2章 オーガニックへ至る道
——イギリス〝金融帝国〟の狂騒と凋落——

流動性都市ロンドン
たった10年で20世紀を駆け抜けたイギリス
1997年までのイギリスは19世紀だった⁉
サッチャー政権の構造改革
サッチャーが作った基盤に、ブレアは〝高価な包装紙〟でブランディングした
ブレアの国家ブランド戦略「クール・ブリタニア」!
ゲイ・フレンドリーな街に変貌したロンドン
移民政策、グローバリゼーションによる市場化への対応
ロシアとアラブの大金持ち&ビジネスマンの流入

ブレアとともに去ったイギリスの20世紀
聞こえはじめた凋落の足音
リーマン・ショック直後のロンドン
イギリス15年景気の正体、それはアメリカとの連携プレー
出来の悪い弟アメリカと、世話好きな兄イギリス
ポンド暴落で、ロンドンは世界でもっとも「お買い得」な街に
金融危機の震源地アメリカは、まるでソ連崩壊直後のロシアだ
もし、日本へアメリカから大量の移民がやってきたら⁉
2009〜2019年〝日本沈没〟のシナリオ

第3章 オーガニック・ライフ実践編

日本の〝オーガニック〟は本当のオーガニックではない
思想にこだわるイギリス人、行為にこだわる日本人
「〇〇バーガー」がニュースになるのは日本だけ？
食料自給率とオーガニックの普及は別問題

編集協力／久本勢津子（CUE'S OFFICE）

はじめに

簡単に言えば、いまは20世紀と21世紀の「乗り換え」の時だと思う。

「乗り換え」時だから、皆が迷ってグチャグチャだ。社会もグチャグチャ、自分とそのまわりもグチャグチャ、もう訳がわからない大混雑。世界中の書店をまわると、社会構造改革の見直しの本、自己啓発本、予言書のようなものまでが店頭を飾っている。かくいう僕も、明日はどうなるかなど断言できない。

そこで、僕は定点でモノを考えるのを数年前にやめることにした。グローバルかつマクロかつ流動的視点でモノをとらえないと明日が見えてこないと思い、自分の生活拠点を変えることにしたのである。社会改革を待つのではなく、無理に自分の考え方を変える努力をするのでもなく、住む場所を変えるだけ。目的は、客観的な目を養い、自分の進むべき正しい道を見つけることにほかならない。

いま多くの人は、自分の目の前のことだけしか見えなくなっている。これが、最大の問題なのだろう。それは僕も同じだ。

実際、目の前のモノは大きく自身の判断を左右するし、中身はさておき、表層的な見た目に心をときめかすのは、人間の欲望なので致し方がない。すなわち、本質を見極めるという行為は、自分の欲望との戦いなのであり、それに打ち勝った者が、これからの21世紀を楽しめるのではないかと思っている。

とは言え、そう簡単に自分の価値観は変えられないし、俗物極まりない僕自身、欲望にも打ち勝つ自信がないので、正しい判断ができるまで定住するのをやめたのだ。情報にとらわれずに自分の目で判断し、実際、日々そうして暮らしている。もしかしたら、21世紀的お遍路《へんろ》さんのようなものかもしれない。

いちばん危険な思想はポジティブ・シンキングだ、と最近言われはじめている。真実や本質はさておき、ただポジティブに考えてきた結果が、昨今の世界的金融バブルをもたらしたと言われている。金融機関のトップの多くが合理主義とポジティブ思考を混同しているということについては、僕も同感である。

苦境や厳しい現実を逃げずに受け止め、そこでポジティブに考えるのが本来のあり方である。が、昨今は苦境や厳しい現実から目をそらし、ただポジティブに生きる潮流がある。これが現実社会をさらに惑わす大病になっていると、〝ヨーロッパ最高の頭脳〟と呼ばれるジャック・アタリは言う。実際、危険が差し迫る現実的な話をする者は、数年前まで悲観論者だと言われていた。

またアタリは、監視社会の行く先が「人」になると、社会が崩壊するという。

監視すべきターゲットは、人ではなくモノである。僕らに近くあるモノ、例えば食物は最たる例だと思うが、それはどのように作られ、どのように運ばれてきているのか、ちゃんと監視する必要があるのは言うまでもない。

さて、そんな世界的、時代的変化のまっただ中の現在、僕の生活は大きく変わった。

まず、前述したように定住しなくなった。冷静に世界を見るためにもこのような時期が自分にとって必要だろう、また危機管理の意味でも、自由に動き回れないような生活はリスクがあるだろうと考えた結果である。そこで結果的に、モノを処分することになった。

続いて、大事な食料については、仕入れとも言うべき入手方法が大きく変わった。自分が食べているものが、どこでどうやって作られているかを考えるようになり、いまや自分でも作れないだろうか、と悪戦苦闘している。

10年前の僕は、オシャレな都心の家に住み、排気量が多いポルシェに乗って夜な夜な遊びに出て、帰りにコンビニや深夜営業の店を何軒も回ったものだった。いまは、毎年のように住む場所を変え、世界にいくつかある提携農園などを、できる限り公共交通機関を使って回るような生活をしている。

やってみてわかったのは、一見後者のほうがお金がかかりそうだが、実は都心での生活を維持する方が、よっぽどお金も時間も手間もかかるということだ。その理由と問題を本書では取り上げている。

住、食ときたので、せっかくだから衣も取り上げる。定住しない生活を選んだので、モノを減らさねばならなくなり、必然的に衣を持つことも買うことも減った。90年代、毎週のように買い漁《あさ》っていたスニーカーやシャツは、20世紀のいい思い出だ。

本書は、2007年末に定住をやめてから最初に住んだ地「ロンドン」で学んだ、あたらしい思想と潮流――「オーガニック」をテーマに書き下ろした。

これは金融危機の本丸、ファンド帝国ロンドンからはじまったあたらしい潮流だ。読んでくださる皆様に、次の世界を少しでも垣間見ていただけたら、幸いである。もし、20年前のロンドンに引っ越していたら、きっとパンクやニューウェーブどっぷりだった僕がいただろうが、いまのロンドンは、まさにオーガニックなのである。

そして、この潮流は確実に日本にも伝播《でんぱ》する。きっとその日は遠くないだろう。

第1章　21世紀のオーガニック・ロンドン

真のグローバリゼーションとは〝リキッド化〟した世界である

戦争とギャンブル資本主義が支配した20世紀は終わった。我々は、まずその事実を受け入れ、埋葬し、その思い出からきっぱりと決別する必要がある。やがて到来する、真のグローバリゼーションの大波に備えるために。

では、具体的に何が起きるのか？　それはグローバリゼーションがあたらしい段階に入り、世界が本当にフラット化し、続いて「リキッド化」していくということだ。いままでのグローバリゼーション段階がアメリカナイゼーションだとすれば、そのいくつかの間違いを正した本当のグローバリゼーションが、これから数年かけて世界で起きるだろう。

いま世界が抱えているさまざまな問題は、とても一国だけでは解決できないし、大国アメリカが解決できるとも思えない。すなわち、現実の問題を解決するためには、あたらしい「世界」の出現が求められることを示唆している。

かつてトーマス・フリードマンが著書『フラット化する世界』で、ＩＴの進歩がグローバル化を促進し、世界はどんどん小さく平たくなっていく（＝フラット化）と主張した。

結果、世界はあっという間にグローバル化というよりアメリカ化され、そしてそれは間もなく終焉《しゅうえん》を迎えることになる。金融崩壊からはじまり、アメリカ的価値が世界的に下がっていくのは、言うまでもないだろう。さて、次はどんな世界になるのだろうか？

僕は、世界はより「リキッド化」に向かうのではないかと考えている。世界は小さく平らでありながらも、一極構造から多極構造になり、常に流動的な柔らかいブロックに向かう（＝リキッド化）のではないだろうか。そのブロックは、適宜ついたり離れたりすることができるリキッドのようなものである。

メディアを例にとってみよう。10年前のメディアと言えば、まだテレビや雑誌が主流であった。情報一極集中の時代である。その後、インターネットの台頭によって個人の発信力がついたことで、既得権益や地域格差に関係なく、フラット化にむけてメディアが進んでいった。しかし、あまりにフラットすぎても収拾がつかず、ポータルにパワーが集約し、その後無数のコミュニティが形成され、そのコミュニティは常に流動的で大も小もあるという状態になった。僕は、この状態を「リキッド化」と呼ぶようになったのである。

これを実態社会、たとえば日本を例にとって考えてみよう。一極構造が多極構造に変わるということは、東京のパワーダウンを指し示す。今日、東京圏は3300万人が暮らす世界最大の都市である。小さい場所に大勢の人が集まれば、不動産価格や物価は上がり、同時にあらゆる面で最大限の効率化が求められることになる。すなわち都市においては、いかなる質より効率化が優先され、その結果、環境をはじめ多くの問題が発生しているのは言うまでもない。

さまざまな問題の多くは、実は「一極集中」していることであり、「分配」に問題がある。バランスを欠いてしまったことが一番の問題であり、適正な「フラット化」など実現していないのではないだろうか。

最近のトピックのほぼすべては、資本主義の崩壊をゴールにしているように見えるが、そうではなく、実は都市システムの崩壊なのではないか。その結果、あらゆるものは地方へ分権していかざるをえないだろう、と僕は考えている。不動産価格を見れば一目瞭然《いちもくりょうぜん》だが、たとえば平成20年1月以降の1年間の地価は都心部の下落率がもっとも大きい。日本経済の土台である基幹産業の本社や、行政機関はほぼ東京にあるが、そのすべてがメルトダウンのさなかにある。2008年のリーマン・ショックの余波も、ニューヨーク、ロンドン、東京と大都市を直撃している。おそらくこの先数年で、効率化だけを追求した世界の大都市システムは、崩壊するだろう。そして、大都市は再生を求めることになる。そのひとつの答えが、本書でいう「オーガニック」なのだと僕は考えている。

いまや、大都市で生活する魅力はない。真の金持ちはとっくに都市から離れて生活し、あらゆる面で質を求める人たちも、都市部と距離を置きはじめた。生活の質を求めるときに、同じコストであれば、都心に住むメリットは少なくなる。都市以外で暮らすほうが生きるリスクが低いとも言える。それは成熟した国家の未来像なのかもしれない。逆な見方をすれば、日本の未来の可能性は都市部ではないところにある。

1997年に書いた自著『デジタル日本人』(講談社刊・絶版)で、僕は「第三の土地」なる提言をした。僕の祖父の時代には、住む家と働く場所は近距離にあった。父の時代になると、郊外型ベッドタウンが整備され、働く場所を第一の土地とすると、離れた場所にある住む家は第二の土地となり、結果、電車や車などの移動交通網、テレビや電話などの通信、ターミナルと呼ばれる商空間ができ上がり、高度経済成長につながった。一方、この第二の土地が急速に開発されたことで、首都圏の畑は激減してしまった。

これからは、第三の土地をいかに発見するか、である。その背景には、情報社会の発展による就労形態の変化と移動にかかるコストが極端に安くなることがある。それによって、仕事場、都市近郊の家、郊外の安息地の三点で生活する人が増え、結果、内需を再拡大し、あらたな成長を生むという提言であった。

いまもこの考え方は同じであるどころか、ますます確信を強めている。都心から2時間も離れれば、不動産価格は信じられないほどに安い。僕らは失われてしまったものをいかに取り戻すか、を真剣に考えねばならない時代にいる。

僕自身、東京、ロンドンを経て、09年からはバルセロナに住んでいる。バルセロナの魅力のひとつは物価の安さだ。為替変動があるので一概には言えないが、生活費は東京やロンドンの3分の1以下ですむ。

文化で言えば、僕の興味の対象であった大都市のストリートカルチャーからカントリーサイドのフィールドに、すべてではないにしろ、大きく文化力学が移動するのではないか、ということだ。

さらに俯瞰《ふかん》的に言えば、リキッド化した世界では、国境は事実上消滅し、国家はもはや機能しなくなる。より具体的に言えば、国境という囲いの内側にいる国民を、国家というシステムでは守ることができなくなるということである。国家と都市がいままで通りに機能しなくなる世界、それがこれから数年かけて現実化していくだろう。

また、長い目でみれば、アメリカに代わる大国が必要となるだろう。それは、中国だ、いやBRICsだと言う意見もあるが、僕は、どれもアメリカにとって代わるものではないと思う。

すなわち、グチャグチャと混乱が続いて、たとえば世界的な統一政府や軍隊、銀行が20〜30年くらいで出現するのではないか、世界はひとつに向かわざるをえないのではないか、と思っているのだ。

なぜなら、いまのところ、あらゆる面で20世紀のアメリカを超える国は事実上なく、EUはその代替にはなれない。住んでみて、実感する。

しかし、金融をみればよくわかるが、国境を超えて「市場は世界」となっているのに、そこに世界的なルールはない。だから、実際にはさまざまな問題が起こっている。アメリカンルールではなく、世界のルールがあらゆる面で必要になる時代が遅かれ早かれやってくることだろう。その時まで、世界は大きく揺れることになると思う。

そんな、明日何が起きるかわからない世の中で、国家に代わって自分を守ってくれるのはいったい誰か？　答えは言わずもがな、自分自身でしかない。

そのためには、いますぐ20世紀に身に付けたあらゆる余剰を捨て、実際の自分の生活にリサイズする方がいいのは言うまでもない。我々は一刻も早く、自分自身の流動性を高め、すべてをフローにするべきなのだ。すなわち、個人のリキッド化である。

自分から進んで選ぶ、何にも属さない生き方。簡単に書くが、実はとても困難であることを身をもって知っているつもりだ。が、正直、これ以外に回答を見つけられていない。

それが21世紀を生き抜くために必要な個人のあり方だと僕は思う。

「ハイパー・ノマド」の時代

つまり、自分の人生をうかうか他人（＝国や政府）に預けてはいけない時代になったのだ。では、そんな時代をどうやってサヴァイヴすればいいのか？

まずは「水・食料」「資源・エネルギー」「外交」「娯楽」の4つを最低限、個人で確保すべきということだ。

まず「水・食料」。これについては言うまでもなく、生命維持のためにリアルに欠かせない、もっとも大事なものだ。有事の際の買い置きだけでなく、自分が「良い」と思った食料は、いったいどこからどうやって運ばれてくるのかを再考し、できれば、産地直送を待つのではなく、こちらから一度は出向いてみる努力くらいはしたい。思わぬ発見に出会うかもしれない。

次に「資源・エネルギー」。生活インフラや他者とのコミュニケーション・ツールがこれだけ電化している現代では、もはや電力は欠かせない。どんなに最新の携帯電話やパソコンを持っていたって、充電できなかったらただのガラクタだ。これも食料と同じで、いったい僕らの電気はどこから作られどうやって送られるのか、を自分なりに考えることからはじまる。そして、食料と同じように、自分で電気は作れないものだろうか、と考えるのが次のステップである。

さて、次の「外交」は少しわかりにくいかもしれない。ここで言う「外交」とは、国家の代表たちが世界レベルで行う政治活動ではなく、異なる地域間での対話や、ウルトラフラット化によって生まれたリキッドなブロック、言うなればそれは都市ではなくコミュニティのようなものであり、その間での交流を意味している。さまざまな枠組みを超えて、まったく関係ない地域やコミュニティとも積極的にコミュニケーションを取ろうとする態度、それが世界をサヴァイヴするための、個人レベルの外交政策である。お互いの危機管理や健康管理なども、ここに入る。

そして最後に「娯楽」。明日の見えない殺伐《さつばつ》とした世の中や、不安定な現実から逃れるために、人々はこれまで以上に娯楽を求めるようになるだろう。不況時には娯楽が流行ると言われ、実際、１９２９年の大恐慌時に、ハリウッド映画は大きく躍進した。しかし、いまのメディアは「個」や「自由な時間と場所」「デジタル」が軸であるとすれば、映画ではなく、ユーチューブのようなものが主流になるだろう。よって、作り手としてのビジネスは、なかなか成立しない。

僕のいう娯楽とは、いま一般的に言われている娯楽とは少し違う。ある意味、宗教的なものというか、自分と向き合うためのあたらしい〝娯楽〟が増えると思っている。人々は、いままで以上に自分自身について考えることになるだろう。

人間とはいったいなんなのか、ここにいる私とはいったい誰なのか。そんな自問自答こそが、次世代の娯楽になる。時間は必要とするが、あまりお金はかからない。

つまり、21世紀の娯楽とは〝哲学〟に近いものだ。ここで言う哲学とは、単なる癒しや怪しいスピリチュアルなものではなく、インテリの言葉遊びでもなく、もっと激しく土着的なものだ。言ってみれば、哲学と宗教とアートがミックスしたようなもの。太古の、たとえば縄文人が祭具として土器を作り、自分と向かいあうことと同義である。古くて新しいライフスタイルと言うこともできる。十分な娯楽を持つことは、乱世において精神的な保険をかけるようなものだとも言える。

さてここで、2007年の著作『サヴァイヴ！南国日本』（集英社刊）にも書いたことだが、僕が数年前から実際に導入しているライフスタイルの一部をここで再び紹介しよう。

まず僕は、農場で1頭の乳牛を飼っている。また、全国の複数の果樹園とも提携し、自分にとって美味しい食料の確保に努めている。ハワイにコーヒーの木も植えている。水源も確保しているし、数年前から沖縄・西表島《いりおもてじま》に仲間たちと作りはじめた風力発電施設が完成したので、仮に電気やガス、水道が止まっても、そこでは半永久的に生きていくことを前提に日々実験している。ジャングルを駆ける電気自動車も導入した。

また、旅先にはソーラーパネルを持参し、自家発電することも忘れない。旅に出ると、どれくらいの電力が必要で、どう貯めたらいいか、などのノウハウを蓄積している。

さらに「個人的な外交」を可能にするため、この20年間に溜《た》め込んだモノはほとんど処分してしまった。会社も売却し、日々の移動速度をあげた。そして、データ化できるものはデータ化し、必要最小限に絞り込んだ。そんな僕の持ち物はいま、スーツケースたった数個分のみ。おかげで都市から大自然まで世界中のあちこちを、いつでも移動したいときに移動することができるようになった。

こうして多くのコミュニティを行き来し、実際に目で見たもの、会った人から、自分なりに情報を集め、分析することが可能になったのは、実はこの数年の話である。机の上でコンピュータばかり触っていたり、高層ビルで会議ばかり続けていても、わかったような気分になるだけで、事実とあまりに違うことが多い。知りたいのは「未来」のことで、その潮流がインターネットに載ることは、まずない。インターネットに文章や写真が出た時点で、ほとんどの場合がすでに過去の話だからだ。また、本当に大切なことがインターネットに出ることは滅多にない。これが、僕がインターネットは古い、と言う最大の理由である。

これまで人間の移動を阻んできた国籍や人種、言語あるいは仕事といった〝壁〟を、軽々と飛び越える自由な人々。21世紀は間違いなく、そういう「ハイパー・ノマド（遊牧民）」とも言うべき人々が活躍する時代になっていくはずだ。彼らは真実を知っている。この先、世界がどうなるのかを、自分たちの目で見て、肌で感じているのである。

このハイパー・ノマドとは、僕の言葉ではない。フランスの経済学者で哲学者であるジャック・アタリの言葉だ。本書でも度々登場するアタリは、現在活躍するあらゆる経済学者、未来学者より一歩も二歩も秀でている。

〝ヨーロッパ最高の頭脳〟と呼ばれ、昨今の金融危機を予測したアタリは、これから世界は、どこでも仕事ができ、暮らしていける500万人から1000万人のハイパー・ノマドと、生活のために移動せざるをえない何十億人の下層ノマドに分かれていく、と断言している。世界的な勝ち組・負け組の分岐は、これからなのである。

また、多くの人の価値観の変化も大きい。たとえば自動車を買おうとするときに、20世紀的価値観では、デザインやラグジュアリーを第一に求めていたが、いまは、その車の燃費や、そもそも何を燃料としているかを誰もが考慮するようになった。もっと言えば、本当に車は自分にとって必要なのか？　と考えるようになったのである。

イギリスでは２００９年あたりから電気自動車がかなり増えていて、街のあちこちに、充電用のスタンドが備えられつつある。イギリスの電気スタンドのデザインは本当に格好いい。だが問題は、そのスタンドの大元がＥＤＦ（フランス電力公社）ということだ。ＥＤＦは発電量の80％以上を原子力で賄《まかな》っている。石油はやめたけど原発ならいいのか？　ということは問題にはなっているが、イギリスがうまいのは、原発はフランスに作らせていること。そこから電気を引いて買っている。「原発はフランスのビジネスだから」とイギリス人は言うし、見方を変えれば、原発は国際的にフランス利権なのであろう。

ポスト・デジタルとしての「オーガニック」

もしかしたら、「所有」ではなく「共有」でもいいのではないか、と考えるのが現在の価値観だ。現に、バルセロナやパリでは、多くの人々が自転車を共有し、それを市がオーガナイズしている。いまや先端的都市に暮らす人々は、自転車の所有すらしていないのだ。実際、僕もこの共有自転車をよく使うが、街のあちこちで借りられて乗り捨てできるのは、とても便利である。自転車のシェア、カー・シェアリングなど、モノを持たないのが21世紀的発想のあらわれだろう。

20世紀が作ったアメリカンドリームという幻想は、身分や出自に関係なく、大成功した者は、かつての王侯貴族のように、巨大な屋敷に財を溜め込むことができるということだった。事実、つい最近まで、僕もそのように生きてきた。その反動が、いまのライフスタイルにつながることになる。

このように〝価値観がパラダイムシフトする予感〟を、僕は過去にも体験している。1980年代のアメリカ西海岸で、初めてデジタルというものに触れたときのことだ。デジタル革命の震源地だったカリフォルニアでは、まさにコンピュータ革命がはじまる前夜のような熱気を感じた。まだほんのわずかだったコンピュータ・ユーザー全員が、この世界を変えていくあたらしい未来を確信していた。僕もそんなひとりだった。そして、直感したのだ。これは便利なツールやビジネスモデルの枠を超えて、やがて人々の生き方や考え方を根底から変えてしまうあたらしいスタイルになるだろう、と。

当時の西海岸には、世界を変える未知の扉を開けようとする人々が発する、独特の熱気が満ち満ちていた。彼らは、コンピュータやデジタルに、世界を変革する希望を見たのだ。それは政府や軍、企業などのものだったコンピュータを、個人に〃解放〃しようとする革命でもあった。[*1] その後のコンピュータ革命については、僕がここで触れるまでもない。わずか数年で世界は一変したのである。

そのときと同じ空気と温度を、僕は2008年のロンドンのオーガニック・マーケットで、はっきりと感じたのだ。

僕がそこで見たものは、実体経済から逸脱した資本主義や大量生産・大量消費のライフスタイルが支配した20世紀から、人間らしい生活を取り戻そうとする人々の姿だった。企業の合理性追求や流通システムから、食品を〃解放〃する。それを、人々はオーガニックなライフスタイルに見出しはじめている。そんな気がしたのだ。

また、2009年11月、アメリカで食料不足に直面しているのは全体の14・6％にあたる1714万世帯になったと報じられた。つまり、先進国と呼ばれるアメリカで国民の7

人に1人が飢えていることになる。これは近未来の世界への悪い予兆である。僕が考える食料不足の問題は「作り方」と「配り方」。これらを見直し、僕らは一刻も早く世界を変えていかねばならない。巨大オフコンからパソコンに変わっていった以上の速度で。

ちなみに、当時デジタルの熱気を共有したアメリカやヨーロッパの友人たちは、いまやインターネットのイの字すら口にしない。彼らは勤めていたアップルやグーグルを辞め、環境活動家になったりエコ・ベンチャーを立ち上げたりしている。かつてハッカーとしてFBIの御用になった友人でさえ、いまでは地熱発電ビジネスに精を出しているという。

また『ホール・アース・カタログ』の著者スチュアート・ブランドも、「ロング・ナウ(Long Now)協会」という団体を立ち上げ、現在アメリカ・ネバダ州東部の地下に1万年にわたって時を刻み続ける時計を設置するプロジェクトに取り組んでいるという。その彼は、あるインタビューの中でこんな風に述べている。[*2]

「現代の我々はより多くの科学的知識を手にしている。例えば地球規模の気候変動や天文学上の変化、といった知識。これらは遥かな時間の中で起こる事象だ。だが生態系や気候や遊星に、将来にわたって一体、何が起きるのか、かなりの程度まで知ることができる。

それがわかっている以上、我々には未来に対する責任が生じ、責任ある行動が求められることになる。それこそが、この文明が行き着いた考え方だ。遥かな未来に対する責任。それを考える手助けをするのが、ロング・ナウ協会の仕事だ」

もうおわかりだろう。時代の先を読み、常に変化と革新を求めた人々の目は、すでにグリーンな革命へと向けられているのだ。この潮流は、間違いなくポスト・デジタル時代のあたらしいスタイルになるだろう。

すっかり前置きが長くなったが、次項からは、いよいよ本題の新オーガニック主義について触れていくことにしよう。

「エコ」「グリーン」と「オーガニック」の違いとは？

そもそも「オーガニック」とは、なんなのか？ まずはこの問いに対する僕なりの答えを述べることからはじめたい。

オーガニックとは、一般的には無農薬有機栽培のことを指す場合が多い。しかし、僕が言う「オーガニック」とは、農業手法や有機食材だけを意味する「オーガニック」とはちょっと違う。

英語の辞書で「organic」という語を調べてみてほしい。そこには「有機」の他に「生まれつきの、生命の、本来の、本質的な」というような意味が書かれているはずだ。ちなみに、スペイン語やフランス語では「organic」ではなく「bio」（ビオ）と言う。「bio」にも「生」という意味が含まれている。つまり、僕にとってのオーガニックとは、もっと人間の本質や考え方、生き方全般に深く関わる、ライフスタイルそのものなのだ。それは〝これからの人生をより良くするための哲学〟であり〝自分自身の精神と肉体をバージョンアップさせる処世術〟なのである。ただし、効率化の追求によるバージョンアップを説く従来の〝処世術〟とは、本質的に大きく異なる。

そうは言っても、いまの段階ではピンと来ない読者がほとんどだろう。とくに日本では、感度の高い一部の人々を除けば、「オーガニック＝有機農業、健康にいい食べ物」という認識がいまだに根強い。「どうせ広尾や白金あたりに住んでるリッチなＯＬやセレブ妻のトレンド食だろう」ぐらいに思っている人が大半なのではないだろうか？

そういう誤解や偏見を生む背景には、日本におけるオーガニックの定義がいまだ曖昧《あいまい》なまま、という実情があると思う。もちろんオーガニックの認知度そのものが低いことも大きな原因だ。その証拠に、「エコ」と「オーガニック」の違いがわからず、両者を混同してしまっている人が非常に多い。

前述の自著『サヴァイヴ！南国日本』を上梓《じょうし》したとき、僕はその帯にこんな一文を掲載した。

「エコ」からラグジュアリーな「グリーン」革命へ

僕としてはタイトルに「グリーン」と銘打ちたかったのだが、当時の日本では「グリーン」という言葉に対する認知度が低すぎて、編集部で却下されたのを、よく覚えている。09年に入ってからやっと、アメリカのオバマ大統領が「グリーン・ニューディール」政策を打ち出したり、前述のトーマス・フリードマンが08年に著した“Hot, Flat, and Crowded”が『グリーン革命』という邦題で刊行されるなど、ようやく日本でも「グリーン」という語がじわじわと浸透しつつある。

環境を保護し、人間の生活と自然の共存を目指す考え方を指す単語であるという点では、基本的に「エコ」と「グリーン」は同義語だ。欧米では80年代から「エコロジー」ではなく「グリーン」と表記されることが一般的になっていたが、なぜか日本では「エコロジー」や「エコ」という呼称がずっと幅を利かせてきた。そのため、日本では「グリーン」と「エコ」が適当に、ちぐはぐに使われているように思える。

たとえば、日本の環境省が進める「エコツーリズム」と、農林水産省の「グリーン・ツーリズム」。エコツーリズムとは、環境省のHPによれば「地域ぐるみで自然環境や歴史文化など、地域固有の魅力を観光客に伝えることにより、その価値や大切さが理解され、保全につながっていくことを目指していく仕組み」[*3]である。一方のグリーン・ツーリズムは「緑豊かな農山漁村地域において、その自然、文化、人々との交流を楽しむ、滞在型の余暇活動」[*4]である（農林水産省HPより）。どちらのHPを見ても、両者に大きな違いがあるとは思えないのは、僕だけだろうか？

09年からはじまった「エコポイントの活用によるグリーン家電普及促進事業」もそうだが、呼称の統一に関する決まりがないと、国民や消費者は混乱し、いつまで経ってもその本質に辿《たど》り着けない、という事態が生じる。いまの日本は、まさにそんな状態にあると言える。

日本における「エコ」が、さまざまな矛盾に満ちた、表層的な行為に終始しがちなのは、そういうところにも原因があるかもしれない。世界の「グリーン」の常識とはだいぶかけ離れたキャンペーンになってしまっている日本の「エコ」については、第3章で詳しく述べるとして、ここでは便宜上「エコ」と「グリーン」を同義のものとしてとらえ、それと「オーガニック」の違いについて、僕なりの説明をしたいと思う。

多くの人が〝なんとなく〟使い分けている「エコ」や「グリーン」、「オーガニック」だが、そこには根本的な違いがある。少し乱暴だが、わかりやすく言うと、「エコ」や「グリーン」は地球環境を中心とした考え方であり、「オーガニック」は人間という一個人を中心とした考え方である。つまり両者の根本的な違いとは、物事をとらえる視点の違いなのだ。

そういう前提で見てみると、いままでぼんやりと把握していた「グリーン」や「オーガニック」について、自然と整理されてくるだろう。たとえば、CO_2削減や温暖化防止のために電気自動車に乗り換えるのは、地球中心の考え方だから「グリーン」である。エコバッグやマイ箸《はし》を持つことも（それが本当に地球にやさしいかどうかは別として）「グリーン」な活動のひとつと言えるだろう。余談だが、ヨーロッパに住んでいると「日本ではエコバッグにプレミア価格がつけられているのは本当か」と尋ねられ、返答に困ることがある。

もちろん、そのような個人レベルのことだけではない。先進諸国の温室効果ガス削減目標を定めた「京都議定書」や、各地で人々を苦しめている異常気象、人口爆発によって将来的に起こりうる水不足や食料不足への対策など、国家や企業、政治を巻き込んだ取り組みも「グリーン」と言うことができるだろう。オバマ大統領が進める、再生可能エネルギーや環境対策への投資で景気回復や雇用創出を図る政策が「グリーン・ニューディール」と名付けられたことも納得がいく。

一方の「オーガニック」は、あくまでも個人の意識のあり方や態度から発信される行動様式だ。たとえば、自身の健康のためにジャンクフードではなく有機食材を選ぶ、肌アレルギー防止のためにオーガニック・コスメやオーガニック・コットンを使った服を選ぶ……などなど。

自分の健康のその先に、地球の健康がある

「ちょっと待て。それって結局、グリーンやエコとほとんど同じじゃないか？」という声が聞こえてきそうだが、おっしゃる通り。行動そのものは、じつはグリーンとオーガニックは根底でつながっている。有機食材を選ぶ人が増えれば、有機農家の数も増え、それは結果的に自然環境の保護につながるかもしれない。また、自転車に乗る人が増えれば、電気自動車と同様、排気ガスが減って温暖化防止に貢献するかもしれない。その逆も、また然《しか》り。なぜなら両者は入り口が違うだけで、突き詰めれば同じ問題に向き合っているのだから。

それでは、今回の本に僕が「グリーン」ではなく「オーガニック」と銘打ったのはなぜなのか？　答えは明白。個人主義の方が現在の気分にあっているからだ。

地球環境が疲弊することは実感できなくても、個人の体調や精神状態の疲弊は誰もが実感できる。偏見かもしれないが、僕は「地球のために○○しましょう」とか「環境を守るために××すべき」といったストイックな感じが、どうも苦手なのだ。ブラウスのボタン

を一番上まで留めたおさげ髪の風紀委員の女子みたいに、まじめさや正義感だけをモチベーションにするのは僕にとって正直難しい。それに対してオーガニックは、自分の心と身体が欲することや、自身の健康や心地よさに従って行動すればいいわけだから、とても楽しい。

その上、オーガニックはシンプルでわかりやすい。脂でギトギトのファストフードよりも、有機野菜を出してくれるレストランを選ぶのは、その方がおいしいし、身体の調子も良くなるから。それって、家中のスイッチを消して回って、冷房の温度設定を高めにして、ゴミの分別に頭を悩ませるよりも、はるかに楽しいし、わかりやすいと思っている。実際、ゴミの分別をはじめ環境にはかなり気を遣っているが、地球環境は一向に良くなる様子はない。しかし、オーガニックフードを食べるようになって、体調はすこぶる良くなった。まずは、自分の体から手入れをすべきだ、と僕は実感している。

そもそも僕がオーガニックにどっぷりハマったきっかけは、「人間はカーボン（炭素）と水で出来ている」という考え方に出会ったことだ。人間の身体は7割が水分で、残った3割のほとんどは炭素である。炭素は、我々のエネルギー源――たんぱく質や脂質、炭水化物など――の元でもある。それはすなわち、毎日口にする水や食べ物こそが、自分自身を形作っているということだ。「何を食べるか」。それは単なる趣向やライフスタイルを超えた、アイデンティティの根幹に関わる問題だったのだ。

ならば、本来あるべき姿で育てられた、生の活力が漲《みなぎ》る食べ物を摂取し続けたら、僕も生物としてさらにバージョンアップできるんじゃないか……？　動機としてはやや不純かもしれないが、僕がオーガニックをはじめたのは、そういう考えからだった。ちなみに僕は、40歳を過ぎるまで、自分の口に入れるものに対して注意を払ったことはほとんどなかった。食事は、ほとんどがジャンクフードやコンビニのお弁当。もしくは、おしゃれでカッコばかりつけたレストラン。おまけに大の偏食家で、野菜はほとんど食べられない。そんな最悪の食生活を送りながら、この年まで大した病気もせずに来られたのは、軽く奇跡だといまでは思っている。

さて、オーガニックなライフスタイルに切り替えてからの僕はどうなっただろうか。まずなんと言っても、心身共に健康になった。人間ドックに行って、データとしても確認できた。代謝が良くなったのか、身体からは余計な脂肪が消え、肌ツヤも良くなった。体調が安定して、風邪も引きにくくなった。おかげでハードに世界中を飛び回っても、いつもベストなコンディションで仕事に臨める。40歳を過ぎて体力の低下に悩まされるどころか、ますます元気に動ける身体を手に入れた気分になるのが何よりもうれしい。

オーガニックは、人間の体にダイレクトに影響する。何よりすぐに効果が表れる。そして、オーガニックな選択のひとつ一つは、結果として地球にやさしい行動へとつながっていく。自分の健康のその先に、自然環境の健康、そして地球の健康を見据えること。それこそがオーガニックの本質なのではないだろうか？

そのような解を僕に与えてくれたのが、まさに21世紀のオーガニック・ロンドナーたちだったのである。

新オーガニック主義は、パンクの国で生まれたあたらしいムーブメント

いま、ロンドンで最先端のカルチャーを味わえるスポットはどこか？　と尋ねられたら、僕は迷わずこう答えるだろう。「それは土曜日の午前中のピムリコロードだ」と。

そこにはいま、世界中でもっとも注目を集めているカフェがある。その名もdaylesford

organic（デイルズフォード・オーガニック）。90年代がスターバックスの時代だとしたら、これからはデイルズフォードの時代になるのではないか、とまで評されているカフェだ。ロンドンのスローンスクエアやチェルシー、ノッティングヒルなどにも次々と進出を果たし、最近では食材やコスメ、食器や衣服まで揃《そろ》える「トータルライフ・オーガニック・ショップ」として、さらなる話題を集めている。

デイルズフォードは、もともとはコッツウォルズ地方にある小さなカフェからはじまった。コッツウォルズの店舗には、オーナーのバンフォード卿《きょう》夫妻の住まいと広大な自社農園が併設していて、目の届く範囲で生産されたものを中心に商品を扱っている。

ただし、値段は決してお安くない。むしろ驚くほど高いのだが、これが売れているのだ。デイルズフォードの特長は、オーガニックにありがちな土臭さを排した洗練されたデザインだろう。デイルズフォードの提案するハイセンスなオーガニック・アイテムの数々は、ロンドンっ子のみならず、ヨーロッパ中からこの店を目指して訪れる人々をワクワクさせている。

さて、僕がその中でもとくに「土曜日の午前中」と時間指定したのには大きなワケがあ

デイルズフォード・オーガニック（著者撮影）

る。お楽しみはデイルズフォードだけじゃない。いや、むしろこっちが本命。それはデイルズフォードの目の前の公園で土曜日の午前中に開催される、ファーマーズ・マーケットだ。ロンドンで、ただ単純に有機野菜を買いたければ、デイルズフォードや高級デパートのハロッズ、アメリカ資本の高級スーパーWHOLE FOODS MARKET、古くからあるPlanet Organicなどの店に行けば事足りる。でも、僕が言う新オーガニック主義は、そういう店の中だけで起こっているわけではない。本当のあたらしいオーガニック・ムーブメントは、路上で起こっているのだ。

　週末のロンドンでは、あちこちの公園や駐車場でこういったマーケットを目撃することができる。オーガニック・ロンドナーたちが近隣の農家を招聘《しょうへい》して、自分たちの市場を開催しているからだ。そこでは、あらゆるオーガニックな野菜、魚、肉が揃い、フレッシュなのは当然で、値段も驚くほどに安い。僕の感覚で言うと、スーパーの3分の1ぐらいの値段だ。もちろん、都心にあるのでコンビニエントなこと、この上ない。

ピムリコロードのファーマーズ・マーケットで言えば、マーケットで一通り買い物を楽しんだら、デイルズフォードに立ち寄ってオーガニックランチを食べ、食器などを購入して帰路につくのが、オーガニック・ロンドナーたちのもっともおしゃれな週末の過ごし方だ。

彼らの目的は、有機栽培されたおいしいものを安く便利に買う、ということだけではない。それはひとつのムーブメントであり、疲弊してしまった金融国家イギリスに対する〝反逆〟でもあると思う。

だから、オーガニック・マーケットに行くと、ミュージシャン風情や、とても堅気には見えない人たちが、ワンサカいる。実際、僕をオーガニックな世界へと誘ったのも、イギ

ピムリコロードのファーマーズ・マーケット（著者撮影）

リス人のＤＪの友人だった。彼らはみな、口を揃えてこう言う。「いま、世界でもっとも反社会的な行為は、ストリートでおいしい野菜を売ることなんだ。そうすれば、誰にも咎《とが》められずに堂々とアナーキーなことができる」と。永遠のパンク・レジェンドとして名高い、あのセックス・ピストルズのジョン・ライドンでさえ、イギリスのバター・ブランドCountry LifeのＣＭに起用される昨今のイギリス。このあたりの事情は、日本とは１８０度異なっていて、じつに面白い。

このオーガニック・ムーブメントの背景には、何度も述べているように、行き過ぎた資本主義に対するアンチテーゼがある。実際、イギリスの物価はこの10年ほど上がり続けていて（毎年の平均物価上昇率は2〜3％で推移）、しかも食品や電気、ガスといった日常生活に直接関わる分野での上昇が目立つのだ。さらに、賃金の上昇率が物価の上昇率に追いついていないため、家計は確実に苦しくなっているのが実情だ。[*5]

また、90年代以降に、ＢＳＥや口蹄疫《こうていえき》などの大発生がイギリスで相次いだことも大きい。それ以来、人々の間に広まった食に対する不安感や危機感が、オーガニックに関心を向けさせるきっかけのひとつになったことは間違いない。とくに、ＢＳＥの感染拡大の原因が感染した牛から製造した肉骨粉《にくこっぷん》を牛にエサとして食べさせたこと（つまり共食い）にあるという説が有力になったときは、抗生物質を使わない乳牛から搾られるオーガニック牛乳に人々が殺到し、あっという間に売り切れてしまったとも言われている。

さらに90年代半ばにイギリスではじまった〝フードマイル〟という運動がある。フードマイルとは、イギリス人の消費者活動家でロンドン市立大学教授のティム・ラングが1994年に提唱した概念で、食品の生産地から消費地までの距離を意味している。このフードマイルをできるだけ抑え、環境への負荷を軽減するには、なるべく近くで穫れた農産物を食べることが望ましい。市民によるファーマーズ・マーケットの開催は、遠い国々から食料を輸入することへのアンチテーゼであり、また〝地産地消〟を実践する試みでもあるのだ。

前述したように、僕の友人はオーガニック・マーケットを「反社会的行為」と表現したが、彼らは決して自国を嫌っているわけではない。むしろ愛国主義者が多いのが特徴だ。たとえば、地産地消を推すのは「遠くから食べ物を運ぶとCO_2が多く出るから」と言った環境問題へのテーゼだけではなく、反グローバリゼーションであり、愛国運動なのである。

彼らが軽蔑《けいべつ》し、嫌っているのは、近年の間違った効率化や、行き過ぎた資本主義であり、それらを見直す運動を「オーガニック」としているのだ。だから、僕のオーガニックの解釈は、ブリティッシュ・ロックやパンクととても近い。それらの音楽が路上から生まれたように、オーガニックという〝革命〟を公園や駐車場ではじめる感覚は、まさにストリート・カルチャーに通じるものがある。

いまや、ロンドンにおいてオーガニックは上流階級から庶民まで、右翼から左翼にまで広がっていて、それらがすべて中心に向かって集まろうとしている。

そう、新オーガニック主義とは、都会発のあたらしい潮流であり、運動なのである。

そもそも、イギリスはオーガニック先進国だった

僕は「オーガニック」と「有機農業」はイコールではない、と述べた。ここで誤解のないように付け加えると、有機農業は新オーガニック主義を担う一ジャンルである、ということだ。いわば、オーガニックというライフスタイルを支えるコアの部分に、有機農業や有機食品がある、というイメージだ。

ここで少し、有機農業が誕生した背景について振り返ってみたい。「有機栽培」と聞くと、まるであたらしい農法のように錯覚する人も多いが、よく考えてみれば、人間ははるか昔から有機農業を営んでいたのである。むしろ、人間が化学肥料や農薬を使いはじめたのは、ごくごく最近のことにすぎない。

生産性を重視する化学農業がはじまったのは、1940年代ごろと言われている。その流れは第2次世界大戦後の食料難で、一気に加速した。とくに深刻な食料不足を経験したイギリス政府は、食料の安定供給は国家の命運を左右するという考えに至り、国を挙げて食料増産・農業支援の政策が取られることになった。1947年には農業の安定を目指す農業法が制定され、各農家には補助金が支払われるようになった。

その後、58年に当時の欧州経済共同体（EEC）が共通農業政策（Common Agricultural Policy＝CAP）を創設。域内の農産物の価格安定や、生産に対する補助などについて基本方針が定められた。つまりCAPは、各国の食料自給率を向上させ、農家の生活を守り、かつ消費者に適正な価格で良質な食品を提供するために導入されたのだ。

73年の欧州共同体（ＥＣ）加盟によって、イギリスにもＣＡＰが適用されることになり、食料自給率はますます向上していく。61年にカロリーベースで42％だった食料自給率は、03年には70％に届くまでになった。一方の日本はまったくの逆パターンで、61年には78％だったのが、03年には40％と大幅ダウン。[*6] もちろん、イギリスは山岳地が少なく、人口の増加もほぼ横ばいで、食生活にも大きな変化がないなど諸条件が異なるので、日本の状況と単純比較することはできない。けれども、食料を国内で賄うことの重要性を認識しているイギリス人と、いまだに認識できていない日本人の間には、やっぱり危機意識に大きな差があると感じてしまうのは果たして僕だけだろうか？

少々横道に逸れてしまったが、話を元に戻そう。さて、戦後イギリスを含むヨーロッパ諸国は、こぞって農産物の増産に励んだ。当然、化学肥料もバンバン使った。その結果、当たり前ではあるが、生産過剰や環境破壊といった問題がクローズアップされはじめる。こうした各国の農業政策は、人々を飢えから救う一方で、土壌や地下水の汚染、そして環境破壊という大いなる負の遺産を残してしまったのだ。

こうした反省から、人々の目は持続可能な環境保全型農業＝有機農業へと向きはじめたと言える。そこでECも85年に発表したグリーンペーパーで、CAPの一部に環境への配慮を組み込むよう示唆。イギリスはいち早くその流れに呼応し、86年に農業法を改正した。翌87年には、田園の景観や生態系の保護を目的とした環境脆弱《ぜいじゃく》地域事業（Environmentally Sensitive Areas＝ESAs）もはじまった。この流れは、イギリスからEC諸国へと広がっていく。

そんなイギリスは、もともと環境に配慮した農業において先駆け的な存在だったのだ。たとえば、有機農業の祖と言われる病理学者・微生物学者のアルバート・ハワードは、1873年生まれのイギリス人。彼は1905年にインドに渡り、地元の農民たちと25年以上にわたって農業の研究を続けた。東洋の輪廻《りんね》思想やインドの伝統的な農法を学んだ彼は、有機農業の原点とも言える「インドール方式」という堆肥《たいひ》の作り方を開発。そして自らの研究を『農業聖典』という一冊の本にまとめた。これはいまも有機農業のバイブルとして多くの人に読み継がれている。

46年には、このハワードの教えを基に「ソイル・アソシエーション」（土壌協会）が設立される。ソイル・アソシエーションは農業経営者、科学者、栄養士などで構成される、最古のオーガニック認証機関だ。71年に最初の有機農業基準を策定し、いまでは英国のオーガニック認定の約80％のシェアを占めるまでになっている。[*7]

コスト重視の化学農業が進む一方で、本来の農業の姿であるオーガニックを求める声は確実に存在していた。イギリス以外のヨーロッパ諸国でも、1960年代以降、民間団体によるオーガニックの認証制度が盛んになっていく。

それにしても、多くのイギリス人たちが、化学農業の弊害が表沙汰《おもてざた》になる以前からすでにオーガニックに対する高い意識を持っていたことには、正直驚かされる。イギリスはドイツや北欧共々、第2次大戦の直後から、新オーガニック主義を潜在的にリードする存在だったのだ。

ムダを嫌う「等身大民族」イギリス人

「いい土から生まれてくるものは、おいしいに決まっている」

それはイギリス人の間に古くから伝わる伝統的な価値観だ。健康な土壌が健康な農作物を育《はぐく》み、やがては健康な体を育む、というソイル・アソシエーションの基本理念は、まさにその価値観に根ざしているものだ。イギリスのオーガニック・ムーブメントも、当然、そのような考え方とともに広まっていると言える。「安全」や「健康」という表層的なイメージでオーガニックをとらえている日本人とは、本質的に異なるのだ。

もともとイギリス人は、ガーデニングや土いじりが大好きだ。19世紀の後半には「家庭菜園法」（Small Holdings and Allotments Acts）なるものが誕生。なんと、市民の要求があれば菜園（アロットメント）を提供するように、自治体に義務づけたのである。一時は全国で140万区画にまで拡大したアロットメント・ガーデンだが、第2次大戦後は、ほとんどが消滅。すっかり忘れられたカルチャーとなっていたが、ここ数年のオーガニック・ブームで再び注目され、いまでは利用希望者が殺到する事態になっているという。*8

そんなGrow Your Ownの精神が根付いたお国柄に加え、とにかくムダを嫌う〝等身大民族〟でもあるイギリス人たち。庭園文化がある日本も、共通するところが多いはずだ。ところで、イギリスの食といえば、長年「まずい」「ひどい」というのが通説だった。しかし、ポンド高とバブルのおかげで、そんな定評はもう過去の話になりつつある。

1990年代以降、好景気に湧《わ》いたイギリスには、海外の有名レストランがこぞって進出してきた。その結果、世界各国の最先端の食文化が手軽に味わえるようになり、イギリスの食文化のレベルはかなり底上げされた感がある。実際、TVをつければ、BBCなどの公共放送でも有名シェフたちが登場する「Can't Cook, Won't Cook」や「Heston's Feast」などの料理番組が必ず流されている。書店には彼らの本がずらりと並び、人気レストランは2カ月先まで予約でいっぱいである。そこにBSE問題による危機感が相まって、イギリスの人々の食に対する意識は「おいしくて、安全で、ヘルシー」という方向へ急激に傾いていったのではないか、と僕は思っている。

その一方で、イギリスの金融バブルは、金融街シティを中心にブランド好きのあたらしい層も生み出した。彼らは主に、寛容な移民政策によってイギリスへとやってきたインドやロシア、アラブの新興成金たちであった。高級住宅に住み、燃費の悪いロールスロイスやマセラッティなどの高級車を乗り回し超高級ブランドを身につけて、ハロッズ前に乗り付けては、ドカドカと買い物をする。それが彼らの消費スタイルだった。

それは食材についても同じで、彼らは高級スーパーに並ぶ高価なオーガニック食品をためらいなく買っていった。もちろんそれは「地産地消」や「地球にやさしい」という考えに基づく行動ではなく、単なるステイタスの確認であったのだろう。第2章でも触れるが、金融危機以降、彼らのようなブランド志向族はめっきり数が少なくなってしまったが……。

ただ、イギリスのオーガニック市場にとっては、彼らの存在は決して悪く作用したわけではなかった。というのも、当時のイギリスの有機食品は、まだ全体的に割高だったからだ。一般の食品価格の1・3倍程度といったところだろうか。なぜなら、イギリスでは「土から変えて、そこで育ったものがオーガニックである」という考えが根底にあるため、農場の土を丸ごと取り替えるなど、巨額な初期投資を必要とするのが常である。そのため、そこで穫れる作物の価格が割高になるのは仕方がないことだった。

その〝高いオーガニック〟の受け皿として、新興成金たちはある意味、上手《うま》く機能してくれたと言える。おかげでイギリスのオーガニック農業は年率約30％の成長を遂げている。[*9] オーガニックの普及率は、イギリスはドイツ、イタリアに次いで第3位だ。ベビーフードに関しては、なんと80％をオーガニック製品が占めている。

また、金融危機後もイギリスのオーガニック市場は好調だ。2008年度のイギリスのオーガニック製品の売上は21億ポンド（約3120億円）で、前年比1・7％の増加。とくにファーマーズ・マーケットでのオーガニック食品の売上が急激に増えていて、前年比18・6％増の2370万ポンド（約35億円）だったという。[*10] また、オーガニックへの切り替えの先行投資が徐々に減価償却でき、価格が下がりつつあることも市場の活況につながっているだろう。

いくら経済が悪化しても、一度身についたオーガニックへのこだわりは、そう簡単に捨てられるものではない。ソイル・アソシエーションが発表したレポート「The Soil Association's Organic Market Report 2009」によれば、オーガニック製品に強くこだわっている消費者のうち36％が、09年にはより多くのオーガニック食品を購入するつもりだと回答したという。これはオーガニックが単なる食べ物の話ではなく、ライフスタイルそのものであることの何よりの証拠だろう。

また、共働き家庭が普通で、子供の肥満問題が深刻化しているイギリスでは、子供たちの食生活を守るために、チョコレート・バーや菓子パンなどの自販機の中身をオーガニックのシリアル・バーに変えるなど、ユニークな活動も行われている。しかも、こういった動きは政府や行政からの働きかけではなく、NPOや地元のアクティビストによってなされているそうだ。
そう、等身大国家・イギリスはまた、チャリティー精神の国でもあるのだ。

王室も実践するオーガニック

欧米諸国には、イギリスの他にもオーガニックについて積極的に取り組んでいる国は数多ある。しかし、僕があえてその中からイギリスを選んだのには理由がある。まずひとつは、イギリスがどこよりも早くオーガニックに注目していたことや、食品だけに限らずライフスタイルにまで広がっていること。そしてもうひとつは、イギリスでは皇太子自らがオーガニック・ムーブメントの牽引《けんいん》役を担っていることだ。

チャールズ皇太子が、オーガニック農業の支援と国民の意識向上を目指して自らオーガニック・ブランドを立ち上げたのは、1990年のことだ。もともと自然保護や環境問題に関心の高かったチャールズ皇太子は、1980年代半ばからハイグローブに所有していた領地をオーガニック農地に転換。そこで収穫された作物を商品化して販売しているのだ。ブランド名はDuchy Originals（ダッチー・オリジナルズ）。Duchyとは英語で「公爵領」

「英国王族の公領」を表している。

さて、ダッチー・オリジナルズではどんなものを扱っているかと言うと、ビスケットやショートブレッドなどのお菓子類から、ベーコンやソーセージなどの肉類、牛乳やバターなどの乳製品までと、充実のラインナップである。食品の他にも、シャンプーやボディローションなどのヘア&ボディケア製品からアウトドア・ガーデン用品、果ては家具にいたるまで、200種類以上のアイテムが揃っている。当然ながら、これらはすべてソイル・アソシエーションのオーガニック認証済みだ。

これらの収益は、チャールズ皇太子の慈善団体「The Prince of Wales's Charitable Foundation」へ寄付され、農家の経済支援や医療、環境、健康、芸術、教育など多分野のさまざまなプロジェクト支援に役立てられているとのこと。また、01年には「Duchy Originals Garden Organic for Schools」を立ち上げ、全国の学校にオーガニック農園を作って、子供たちに有機野菜の育て方を教えるというプロジェクトをスタート。現在、イギリス全国の約2700校が参加している。[*11]

さらに08年春には、コッツウォルズにショップ「ハイグローブ」を出店。店頭に並ぶのは、皇太子の紋章が付いたオーガニック製品だ。ネットで買える一部商品を除いて、ショップに足を運ばないと手に入らないアイテムばかりのため、大繁盛なのだとか。もちろん、このショップの売上も先の慈善団体に寄付されている。[*12] また、エリザベス女王の週末の家と言われるウィンザー城近くのウィンザー農場が経営するWINDSOR FARM SHOPは老若男女でいつも盛況だ。

国家の象徴とも言えるチャールズ皇太子が、率先してオーガニックを推進している限り、イギリスのオーガニック市場はこれからも安泰だろう。

イギリスのオーガニック・ムーブメントが面白いのは、王室をはじめサーの称号を持つようなアッパー・クラスの人々が発信する活動と、ワーキング・クラスの人々がストリートから発信する運動が出会って、あたらしい流れが生まれたところにある。そこへ、愛国主義的な立場から地産地消やオーガニックを支持する右派の人々や、安全でおいしい食物を誰でも安価に手に入れられる権利があると考える左派の人々が加わって、さらに大きなひとつの流れになる。そんな上下左右のカルチャーが交差するポイント、それがロンドンならではの新オーガニック主義なのである。

有名シェフ、ジェイミー・オリバーが目覚めたオーガニック・フード

さて、チャールズ皇太子の他に、イギリスのオーガニック・ムーブメントに多大な影響を及ぼした人物がいる。それは世界でもっとも人気のあるトレンド・シェフのひとり、ジェイミー・オリバーだ。

ジェイミーはフランスで修業を積み、ロンドンのいくつかのレストランでシェフを務めた後、１９９８年からイギリスの料理番組シリーズ「The Naked Chef」に出演。一躍カリスマ・シェフとして人気を博すようになる。政治家や芸能人、サッカー選手などのセレブにも多くのファンを持ち、09年春にロンドンで開催されたG20の晩餐会《ばんさんかい》でもその腕を振るったのは記憶にあたらしい。その彼が自身のテレビ番組で積極的にオーガニック製品やハーブを使ったことが、イギリスのオーガニック・ムーブメントを盛り上げるきっかけになったと言われている。

そんな彼は、これまでに食に関するさまざまな〝革命〟に挑んでいる。中でも話題を集めたのが、学校給食の改善運動だった。一応説明しておくと、イギリスの給食というのは

本当にひどい。日本人の我々から見ると、想像を絶する劣悪さだ。まず、メニューの中心はフライドポテトやハンバーガー、ナゲットなどのジャンクフード。そして、なんだかわからない肉で作られたミートローフや、脂まみれの冷凍ピザ。野菜が登場することはめったになく、デザートは糖質たっぷりのチョコレートだ。校内に設置された自販機で買ったチョコレート・バーやポテトチップスを給食の代わりにする子供たちもいるのだとか。思わず「育ち盛りの子供にそんなモノ食わせていいのか？」と叫びたくなる。これは常々問題になっていて、「ジャンクフードが子供たちの寿命を縮める」と、テレビや新聞でも度々特集される。

そもそもなぜイギリスの給食がそんな状況に陥ったかというと、サッチャー時代の福祉削減政策で、給食予算が大幅に削減されてしまったからだ。一食あたり37〜50ペンス（56〜75円）程度の予算では、たしかに栄養バランスのいい食事なんて提供できるわけがない。そのため、イギリスでは子供たちの肥満や便秘といった健康トラブルが社会問題化していたのだ。

そんな現状を変えるべく立ち上がったのが、ジェイミーだった。彼は必死に栄養バランスのいいおいしい食事を子供たちに食べさせようとするが、これがことごとく失敗する。カリスマ・シェフの作った料理を「まずい！」と容赦なく吐き出し、野菜の名前すらまともに言えない子供たちを相手に奮闘する彼の姿は、「Jamie's School Dinners（ジェイミーのスクール・ディナー）」と題したドキュメンタリー番組でオンエアされた。

これが全英で大反響を呼び、ウェブサイト上で集めた給食改善を求める署名は27万1677件に到達。署名はブレア首相（当時）の元にも届けられ、政府は給食改善のための予算を増額することを約束するに至った。[*13]

その後も彼は、養鶏場や養豚場で劣悪な環境下で肥育される動物たちの現状を訴えるなど、さまざまな啓蒙《けいもう》活動を続けている。また、ジョルジオ・ロカテッリやアーサー・ポッツ・ドーソンをはじめ、彼の理念に賛同し、志を受け継ごうとするシェフたちも続々登場している。

ちなみにロンドンではシェフの人気が高く、子供たちが「将来なりたい職業」のトップ3にシェフがランクインするなど、憧れの的になっている。今後、そのような子供たちの中から第二、第三のジェイミー・オリバーが現われ、ロンドンの新オーガニック主義をさらに発展させていくこともあり得るだろう。僕はそんな未来に大いに期待したい。

野菜だけじゃない、オーガニック・フードあれこれ

もし、ロンドンのレストランで鶏料理が食べたくなったら、まずやってほしいことがある。と言っても、別段難しいことじゃない。メニューに“Free Range（フリーレンジ）”と表記されているかどうか、確認するだけなのだから。

いま、ロンドンではこの〝フリーレンジ〟という概念がすっかり定着している。レストランのメニューのみならず、スーパーなどで売られている鶏肉にも、ほぼフリーレンジが謳《うた》われている。ブリティッシュ・エアウェイズのビジネスクラスでは、機内食のチキンにもフリーレンジの表記がされているくらいだ。そう、21世紀のロンドナーにとって、いまや「フリーレンジの表記がない」ということは、「その鶏は食べてはいけない」と、ほぼ同義なのだ。

フリーレンジとは、鶏を屋外の自由に動き回れる環境で飼育する養鶏方法のことだ。要するに〝放し飼い〟である。では、フリーレンジではない鶏はどうやって育てられている

かというと、暗くて狭い鶏舎の中にぎゅうぎゅうに押し込められて、急激に肥らされた挙げ句、満足に2本の脚で立つこともできずに殺されるか、ひたすら卵を産むマシーンとして一生を終える。このような養鶏方法は、インテンシブと呼ばれている。

当然ながら、世界中の養鶏業者が採用しているのは、コストのかさむフリーレンジより、インテンシブ（日本ではブロイラーと呼ばれる）が一般的だ。つまり、私たちの食卓にのぼる卵や鶏肉は、このように劣悪な環境で生産されているわけだ。こういった食品生産の裏側は、鶏に限った話ではない。牛でも豚でも同じであり、BBCでは毎週のように、ドキュメンタリーで放送している。民放は多くの食品関係のスポンサーがいるので、このような番組はなかなか制作できないが、BBCは公共放送なので、食品生産の裏側を追究することができるのだ。その生産過程は、まるで工業製品のようである。

これまでほとんど知らされてこなかった〝家畜が生きている間の生活〟を消費者に紹介したのは、前述のジェイミー・オリバーをはじめとするイギリスのカリスマ・シェフたちだった。08年、ジェイミー・オリバーはテレビ番組「Jamie's Fowl Dinners」の中で、インテンシブの実態を紹介。放送後、イギリス国内のインテンシブのチキンや卵の売上が下がったと言われるほど、大きな反響を呼んだ。また、同じく人気シェフで、自らもグロスターの森でオーガニックな暮らしを実践しているヒュー・ファーンリー＝ウィッティングストールも、フリーレンジ・チキンの推進活動「チキン　アウト！　キャンペーン」を行っている。彼は大手スーパーのテスコやファストフード店、レストランなどにフリーレンジの鶏の扱いを増やすよう、働きかけている。

彼らがフリーレンジを推進する背景には、快適な環境でナチュラルに育った動物たちは、ストレスフルな環境でひどい扱いを受けた動物よりも、安全で安心でおいしいはず、という考え方がある。そして、命ある動物を工業製品のように扱ってきたこれまでの態度への反省もある。この「命あるもの・自然のものを尊び、敬う謙虚な姿勢」は、オーガニック・ムーブメントを支える重要なキーワードであると僕は思う。

そういえば、来日したイギリス人の友人を、何度か焼き鳥屋に連れていったことがある。すると、彼らはみな「ここの鶏はフリーレンジか？」としきりと気にするのだ。たしかに日本では、焼き鳥屋に限らず、メニューにフリーレンジと書いてある飲食店はほとんどない。彼らは「日本人はフリーレンジかインテンシブか気にしないのか？」と、ひどく驚いていた。日本では、鶏の〝産地〟は書いてあっても〝育ち方〟を表記する習慣はない。でも本当に重要なのは、その鶏が皿にのって出てくるまで、どんな風に扱われていたか、ではないのだろうか。人間も、どこで生まれたかより、どんな教育を受けて育ったかの方が、よっぽどその人の本質を知る手がかりになる。それと同じことだ。

一応断っておくと、フリーレンジはオーガニックとイコールではない。オーガニックと名乗るためには、放し飼いだけでなく、さらに厳しい基準をクリアしなければならない。ソイル・アソシエーションを例に挙げると、「成長を促進する抗生物質の使用禁止」「定期的な薬品の投与禁止」「1ユニットあたりの鶏の数は1000羽まで」「出荷するまでに、自然な成長に必要な81日間の飼育をすること」などのチェック項目が多数、設けられている。

これは鶏だけでなく、オーガニックの牛や豚にも同じことが言える。そのため、畜産農家では、動物たちの健康管理にもっとも気を遣っている。何せ、ケガや病気をされても、抗生物質という〝魔法の薬〟が使えないのだから。

イギリスに伝わる優れた医術、ホメオパシー

では、もし牛や豚が病気になってしまったら……。本来ならば、廃棄処分しなければいけないところだが、イギリスにはとてもユニークな治療法がある。オーガニック・マーケットに行くと、まれにこんな注意書きがされた牛肉を見かけることがある。

「この牛は、ホメオパシーで治療されました」

ホメオパシーというのは、日本語では同種療法と呼ばれる代替医療や自然療法のひとつである。念のため断っておくと、本来は家畜ではなく人間のための医療法なので、お間違いなく。

ホメオパシーでは、抗生物質や科学的に調合された薬ではなく、レメディと呼ばれる無毒・無成分の砂糖玉のようなものを服用することで、肉体や精神を治癒すると言われている。このレメディを患者の症状などに合わせて選択する人を、ホメオパスと呼ぶ。

こうやって書くと妖《あや》しげな民間療法みたいだが、イギリスでは健康保険が適用される立派な医療のひとつなのだ。イギリス国内にはホメオパシーが受けられる病院が5カ所あり、ホメオパスになるには国家資格の取得が必要だ。

しかし、なんと言っても特筆すべきは、エリザベス女王お抱えのドクターがホメオパスである、ということだ。王室のホメオパシーによる健康管理には100年の歴史があると言われ、女王が海外へ旅行する際には、必ず64種類のホメオパシック・レメディの入ったキットボックスを携帯するのだという。また、ロンドン市内には王室御用達のホメオパシー薬局「Ainsworths（エインズワース）」があり、その店頭には御用達の証《あかし》のロイヤルワラント（紋章）が堂々と掲げられている。僕も行きつけのロンドンの店である。

19世紀初めごろにドイツ人の医師、サミュエル・ハーネマンによってはじめられたとされるホメオパシーは1852年、クイン医師によってイギリスに紹介されたと言われている。それ以来、イギリスではホメオパシーが一般に広く知られており、政府もホメオパシーの使用を保護する法律を設けるなど、国家レベルで支援している。

手術を受けるのに半年待たされるなど、イギリスの医療サービスがひどい状態にあったことは知られているが、そういう状況がホメオパシーの認知度を向上させたのかもしれない。ホメオパシーの治療を受けるには、まず症状についてGP（開業医）に相談をする。そして有効な治療法がないと判断されたり、本人の希望があったりした場合、医師からホメオパシー病院を紹介される。ちなみに、風邪などの軽い症状なら、街の薬局やドラッグストア――たとえばＢｏｏｔｓ（ブーツ）など――で、誰でも処方箋《しょほうせん》なしに手軽にレメディを購入することができてしまうのだ。

ちなみに、僕もレメディを愛用している。ホメオパシーでは「症状を引き起こす原因となるものは、その症状を取り除くものになる」というのが基本的な考え方だ。要するに「毒をもって毒を制す」。だから、長年の不摂生で毒素が溜まりに溜まっている僕が処方されたのは、なんと「ヒ素」のレメディ。と言っても、分子レベルで高希釈されているので、ヒ素の成分は入っていない。要はただの砂糖玉なのだけれど、これが自己治癒力を目覚めさせるきっかけになるのだ。ホメオパシーを知らない人は、ちょっと信じられないだろうけど、僕はこれで明らかに花粉症が軽くなった。

イギリスでは、ホメオパシーを家畜やペットに使う人も少なくない。だからこそ「この牛はホメオパシーで治療されました」という牛が流通することが可能なのだ。そこにはイギリスの人々の「抗生物質はもうたくさん」という姿勢が見て取れる。最近のヨーロッパの報道を見ると、インフルエンザ自体よりも、むしろインフルエンザのワクチンがもたらす副作用について、しっかり報道している。

オーガニック、それは生活態度すべてに影響するスタイル

イギリスのオーガニック・ムーブメントは、野菜や肉などの食べ物を入り口にして、生活全体へと広がっている。

たとえば加工品の分野では、フルーツジュースやワイン、調味料、お菓子をはじめ、シリアルやスナック、果てはコーラまでオーガニック・メイドのものが店頭に並んでいる。そもそもスナックやコーラがオーガニックって矛盾してないか？　とも思うのだが、「食の安全にはこだわるけど、スナックやコーラも止められない」というところがイギリス人らしくて微笑《ほほえ》ましい。食品以外では、オーガニック・コスメもさまざまな種類が出回っている。石鹸《せっけん》やシャンプーなどのボディケア用品から、ローションやクリームなどの基礎化粧品、そしてメイク用品までなんでも揃う。さらにオーガニックのコットンやウールを使用した衣類がじわじわと売れ行きを伸ばしていたり、無農薬・無添加のペット・フードが登場したり（もちろんオーガニック認証済み）する他、家具や住宅の分野にまでオーガニッ

ク志向は拡大しているのだ。

中でも僕が注目しているのが、オーガニック・レストランとオーガニック・ホテル。なんとイギリスには、レストランにもオーガニックの認証制度があるのだ。お墨付きを与えるのは、この章に何度も登場する認証団体「ソイル・アソシエーション」。認証を取得するには「提供する食事の最低95％はオーガニック素材を使用する」「オーガニック以外の食材に使った調理器具は、よく水で洗ってオーガニック素材と混ざらないようにする」「仕入れ記録や在庫記録、クリーニング記録などを常に用意しておくこと」などなど、たくさんのルールが細かく決められている。そう、イギリスでは日本のように勝手にオーガニックを自称して売りにすることは、基本、許されないのだ。

ちなみに、オーガニック・レストランとして最初に認定を受けたのはイギリスの「デューク・オブ・ケンブリッジ」というパブ。まだオーガニックが一般的でなかった1990年代後半から有機食材にこだわった料理を提供し続け、数々のオーガニック・アワードを受賞している有名店だ。メニューはその日に入荷できた食材からシェフが創作するため、一日に何度も替わるのだとか。

そしてオーガニック・ホテル。これはオーストリアのThe Bio Hotelsという団体が認証を行っていて、その数はヨーロッパ各地に拡大中だ。ビオホテルの認定を受けるには、厳しい審査基準をクリアする必要がある。オーガニック素材を使った料理やワインが楽しめるのはもちろんのこと、他の一般ホテルでは味わえない独自の体験プログラムが用意されている。

認証を受けたビオホテルではないけれど、最近の僕の一番のお気に入りホテルは、スペインの楽園、イビサ島にある「アトサロ」だ。街から離れた北のアトサロ山に突如現われるアグロツーリズモである。アグロツーリズモとは、ヨーロッパ全土に広がるあたらしいホテルカルチャーで、その名の通り、客を農家に宿泊させ、その畑で穫れた作物を料理で出すのを基本にしている。英語では、ルーラル・ツーリズムと呼ばれている。いまや世界一のレストランとなった、同じスペイン・カタルーニャ地方の「エルブリ」も、セヴィリアにアグロツーリズモのホテルを作り、「ニューズウィーク」で、世界一のブレックファスト・レストランの称号をもらった。イビサでも、ここ3～4年でアグロツーリズモの名を冠した宿泊施設が5軒以上建った。

一昔前のホテルトレンドがデザインホテルだとしたら、いまのトレンドは、間違いなくこのアグロツーリズモである。穫れたての食材を使ってコンテンポラリー・スパニッシュフードを出すアトサロでは、館内になるフルーツを勝手に食べてもいいし、手伝いたければオリーブ畑の手入れを手伝ってもいい。そんなオーガニックな過ごし方ができるのは、じつに21世紀的なバカンスのあり方だと僕は思う。

実際、イギリス人たちのライフスタイルは近年、全体的にかなりヘルシー志向へと変化しているような気がする。以前のロンドンではあまり見かけなかったジョギングやウォーキングだが、いまでは早朝・深夜のロンドンを人々が走っている姿をあちこちで見ることができる。また、彼らは日常の中でもよく歩く。地下鉄の駅2つ分ぐらいなら徒歩移動でもおかまいなしだ。いつのまにか僕も、30〜40分ぐらいなら電車に乗らずに歩いて移動するのが当たり前になってしまった。この「徒歩移動ブーム」は、ロンドンの地下鉄の運賃の高さも影響しているのだろう。なぜなら、この数年で地下鉄の初乗り運賃は4倍近く値上がりしたのだから。09年11月時点で4ポンド。1ポンド150円計算で600円となる。

また、金融危機以降、街の光景が微妙に変わったことに気づく。それまでは、見たこともないスーパーカーや高級車がずらりと並んでいた高級住宅街では、小型のハイブリッドカーや電気自動車、自転車が目立つようになった。その理由は、バブルがはじけたことに加え、ロンドン市の政策によるところも大きい。ロンドンでガソリン車を持っていると、毎月2万円以上の税金（混雑税）を支払わなければいけないのだが、電気自動車となると、それが無料になるのだ。

グリーン・シティを標榜《ひょうぼう》するロンドンでは、さらに「1日2キロ歩こう運動」や「自転車利用運動」なども盛んに行われている。また、市内で乗り捨て自由なレンタル・サイクルのシステムの導入も検討中とのこと。すでにパリでは実施され、バルセロナも住民に対してレンタル・サイクルを提供していて、共に好評である。前述したように、「自転車移動」という概念もさることながら、「乗り物の共有」の感覚がとてもあたらしい。そういった取り組みが功を奏したのか、僕の周囲にもこのところ「アイム・サイクリスト！」と誇らしげに語るイギリス人たちが増えている。東京とは違い、雨の多いロンドンで自転車だけで移動するのは、大変なことである。

まさにロンドン版「グリーン革命」とも言える試み。それには、前ロンドン市長のケン・リヴィングストンの功績が大きい。彼はエネルギー効率の悪い古い電球を、熱効率のいい新しい電球に無料で交換してくれるサービスをはじめたり、街角のスーパーにクリスマス・カードのリサイクル箱を設置し、できるだけEメールにして紙ごみを減らすよう訴えたり、ユニークな施策をいくつも打ち出してきた。そんな彼自身、オーガニックに高い関心を持っていて、先に紹介したフリーレンジ・チキンについても積極的に支援している。あたらしく市長となったボリス・ジョンソンも、２０１２年のオリンピックに向けてロンドンをエコ・コンシャスな都市にしようと画策していると言うし、そんなロンドンがこれからどう変わっていくのか、じつに楽しみなのである。

オーガニックを選ぶセレブはこんなにいる！

さて、話をオーガニックへ戻そう。新オーガニック主義は、セレブたちの間にも着実に広がっている。中でももっとも有名なのは、スティング夫妻だろう。

もともとチャリティプロジェクトへの参加や熱帯雨林保護活動にも熱心なスティング夫妻は、現在イギリス・ウィルトシャーにある城「レイクハウス」に住んでいる。約60エーカーの敷地内では野菜や果物の栽培、豚やアヒルなどの飼育を行い、ほぼ自給自足で暮らしている。それらはもちろん、すべてオーガニック・メイドだ。

妻で映画のプロデュースなども手がけるトルゥーディー・スタイラーは、シェフと共著でオーガニック料理のレシピ本を出版、レイクハウスでの満たされた暮らしを紹介している。ちなみにこのレイクハウス、噂《うわさ》では家族6人が半年間は暮らしていける規模らしい。チーズやハチミツを作る設備も揃っていると言うし、ひょっとすると近い将来、レイクハウス・ブランドのオーガニック製品が登場する日が来るかもしれない。

食品以外でも、オーガニックに関心を寄せるセレブは少なくない。たとえば、オーガニック・コスメ。数あるブランドの中でも、スイスの「ヴェレダ」やドイツの「ドクターハウシュカ」、イギリスの「ニールズヤード・レメディーズ」「オーガニック・ファーマシー」は、世界的にも認知度が高く、ファンも多い。マドンナやケイト・モスは「ドクター・ハウシュカ」の製品を愛用中と言われているし、ジョニー・デップやロビー・ウィリアムズは「ニールズヤード・レメディーズ」のお得意様なのだとか。

ファッションの世界でも、元ビートルズのポール・マッカートニーの娘、ステラ・マッカートニーが、自身のブランドStella McCartneyにオーガニック・コットンを使用したラインをあらたに作ると言われている。ケイト・モスとのコラボレーションで有名な「トップショップ」では、イギリス初のオーガニック・コットン・デニムを販売している（ちなみにソイル・アソシエーションのお墨付きだ）。また、08年に日本に上陸して話題になったスウェーデンのブランド「H&M」でも、「オーガニック・コットン」という新ラインを展開している。オーガニックのナチュラルで地味なイメージをくつがえす、カラフルで洗練されたコレクションは、流行に敏感なセレブたちの話題を集めそうだ。

大勢の人でにぎわう週末のオーガニック・マーケット

さて、この章の最後では、僕が実際に利用しているファーマーズ・マーケットを紹介したい。そこは、意識の高いオーガニック・ロンドナーたちがスーパーではなく直接生産者から製品を買い付けるシステムを模索する中ではじまった、いわば〝青空市場〟。週末の駐車場や公園で開かれているマーケットに一歩足を踏み入れると、旬の食材や生産者たちの活気にあふれた、じつにワクワクする光景が広がっている。

ロンドンでファーマーズ・マーケットに行くなら、まず以下のウェブサイトをチェックすることをおすすめする。ひとつは、イギリス全土でファーマーズ・マーケットを運営・進行している The National Farmers' Retail & Markets Association（FARMA）のウェブサイト（http://www.farmersmarkets.net）。ファーマーズ・マーケット主催者が多数登録しているので、全国各地のファーマーズ・マーケットの開催情報を調べることができて非常に便利だ。2つ目は London Farmers' Markets（LFM）のウェブサイト（http://www.lfm.org.uk）。こちらはロンドン市内で開かれるマーケット情報を知ることができる。

これらのサイトに掲載されているマーケットの出品者は、生産地や加工のプロセスなどにおいて厳しいルールをクリアした農家ばかりなので安心だ。その辺の路地裏で開かれているマニアック（内輪向け？）なマーケットに抵抗がある人は、まずはお墨付きのマーケットへどうぞ。

ファーマーズ・マーケットのスローガンは"We grow it. We sell it"（私たちの手で育てたものは、私たちの手で売る）。生産者の中には、自ら「クリエイター」や「プロデューサー」を名乗る人々もいる。なるほど。最近のクリエイターなる職業は、僕を含めてコンピユータに近いところに多くいると思うが、次の世代のクリエイターはこちらなのかもしれない。自分たちが作った農産物に、いかに自信とプライドを持っているかということの表れだろう。

僕のお気に入りは、前述したようにピムリコロードのファーマーズ・マーケットだ。スローンスクエア駅から徒歩5分。毎週土曜日の朝9時にオープンする。価格はどれも高級スーパーの3分の1くらいで良心的だ。中には、殻付きの牡蠣《かき》をその場で剝《む》いて食べさせてくれる店もある。もし、ちょっとでも気になる食材があったら、遠慮なく生産者に質問してみよう。彼らは生産地の情報からおすすめの調理法まで、なんでも答えてくれるはずだ。実際僕自身、このそばに住んでいたので、土曜日の朝によく通っていた。

そんなロンドンでは、ホールセール・マーケット（卸売市場）も盛況だ。たとえば、ロンドン・ブリッジ駅近くにある「Borough Market（バラ・マーケット）」。ここはその起源をローマ時代まで遡《さかのぼ》るという、伝統ある市場なのだが、じつはここ最近、隠れたロンドンの人気スポットになっている。

現在、オーガニック・フード・マーケットとしてはおそらくロンドンで最大規模を誇るバラ・マーケットは、平日の早朝2時〜8時までは卸売市場、木、金、土の日中はファーマーズ・マーケット（小売市場）となっている。肉や野菜、魚、チーズ、ワインなど種類豊富な食材がなんでも揃い、すぐ隣にはマーケットの食材を活かしたレストランもあるため、週末の午後になるとおいしくて安全な食材を求めるロンドナーや観光客たちで市場は大混雑になる。

他にも、ロンドンの築地とも言える魚市場「ビリングスゲート（Billingsgate）・マーケット」や精肉市場の「スミスフィールド（Smithfield）・マーケット」なども、一般人の入場を許可していて、人気がある。市場周辺に軒を連ねるパブやレストランに足を運ぶのも、また違った面白さを与えてくれる。

忙しいロンドナーの間では、オーガニックの宅配サービスもじわじわと人気を集めている。その代表格「Abel & Cole Limited」は、週ごとに代わるメニューや、10ポンド程度から配達してくれるお手軽さが受けて、口コミでファン層を広げている。

僕自身、09年には、5月8〜10日にわたって開催された第2回「real food festival」に自ら足を運んで、いまのロンドナーのオーガニックぶりを実感した。巨大な会場内には、

賑わう real food festival。生きた子牛（下）も登場（著者撮影）

食品メーカーや農家など、300以上のブースが出店していて、さながら東京モーターショーのような雰囲気。イギリス全土から集まったあらゆるオーガニック商品に混じって、生きた子牛が繋《つな》がれていたのには、驚かされた。中でも注目を集めていたのは、人気シェフによるオーガニック食材を使った実演料理ショー。ロンドンの人気店「ロカンダ　ロカテリ」のオーナーシェフで、ミシュランの星を持つイタリア人、ジョルジオ・ロカテリ氏のエキシビションでは、前が見えないほど黒山の人だかり。ロンドンのオーガニック・ブームを改めて実感した一日だった。

さて、次の章では、オーガニック・ブームに至るまでのイギリスの軌跡を、ざっと振り返ってみたい。そして最終章で、イギリスのオーガニック・ムーブメントに倣《なら》って、日本人が日本人なりに実践すべき新オーガニック主義について考察したいと思う。

1　CNET Japan「PC革命は60年代ヒッピー文化の所産か」(2005/5/18)

2 http://japan.cnet.com/column/pers/story/0,2000055923,20083617,00.htm

asahi.com「ロング・ナウ協会代表、スチュアート・ブランド氏に聞く」（上）より

http://www.asahi.com/tech/sj/long_n/01.html

3 環境省サイト「エコツーリズムのススメ」より

http://www.env.go.jp/nature/ecotourism/try-ecotourism/about/index.html

4 農林水産省サイト「グリーン・ツーリズムとは」より

http://www.maff.go.jp/j/nousin/kouryu/kyose_tairyu/k_gt/index.html

5 All About【イギリス】「イギリス人に学ぶ、物価高サバイバル術！」（2008/08/04）

http://allabout.co.jp/travel/travelengland/closeup/CU20080731A/

6 農林水産省ＨＰ「世界の食料自給率」より（データは２００３年のもの）

http://www.maff.go.jp/j/zyukyu/zikyu_ritu/013.html

7 『リアル・オーガニック・ライフ』（グラフ社）１１３ページ

8 週間ジャーニー２００９年5月号「不況とエコブームで人気再燃　アロットメント・ガーデン事情」

http://www.japanjournals.com/090507/surv/090507survivor.pdf

9 『オーガニック入門』（ソニー・マガジンズ）１３３ページ

10 ＥＵＯＦＡウェブサイト「英国ソイル・アソシエーション　２００８年オーガニックレポート」より

http://www.euofa.jp/journal/archives/2009/04/2008_5.shtml

11 『オーガニック入門』（ソニー・マガジンズ）１０２ページ

12 『ハイグローブ』のホームページより
http://www.highgroveshop.com/

13 BBC News「TV chef welcomes 280m meals plan」(2005/3/30)
http://news.bbc.co.uk/1/hi/education/4391695.stm

第2章　オーガニックへ至る道

――イギリス〝金融帝国〟の狂騒と凋落

流動性都市ロンドン

2007年の年末。僕は異様なほどの熱気と喧騒《けんそう》に包まれた、ロンドンのピカデリー・サーカスにいた。

僕が初めてこの地を訪れたのは、もう20年以上も前になる。それ以来、ウエスト・エンド地区の中心に位置し、ロンドン屈指の繁華街であるここにも、数え切れないほど足を運んできた。しかし、これほどまでに人であふれるピカデリー・サーカスを見たのは、それが初めてだった。2年前より1年前、1年前よりいまの方が、確実ににぎわっている。そんな印象を受けた。

ロンドンの活況の謎《なぞ》を解く鍵《かぎ》は、まさにその人ごみの中にあった。ロシアや東欧からやってきたと思われる人々、中国系とおぼしき人々、インド人やバングラデシュ人、そしてジェダイのような黒装束で闊歩《かっぽ》する中東の人々……。誰もがすぐに気づいたはずだ。いまや、このピカデリー・サーカスを歩いている半分以上の人が、イギリス人ではない、ということに。

ロンドンの風景を一変させたものの正体とは、いったいなんだったのか。それは、グローバリゼーションと呼ばれるオープン化である。

兆しは、80年代半ばにすでに表れていた。同じく島国である日本が、国を挙げてバブル経済に浮かれていたころ、長年の景気低迷と高い失業率に苦しめられていたイギリスは、金融をはじめとするあらゆるジャンルのオープン化を着々と推し進めていたのだ。

その結果、変わったのは、もちろん街を行く人々の国籍だけではない。たとえば、伝統的なイギリスの金融機関のほとんどは、アメリカなど諸外国の金融機関に買収された。国の誇りであるはずの有力サッカーチームのオーナーは、ほとんどがイギリス人ではなくなった。ロンドンの市内には、ヨーロッパ中の有名レストランの支店が軒を連ね、数ブロックごとにスターバックスが店を構えた（07年4月時点で、ロンドンの店舗数は260。ニューヨークの213店舗を上回った）[*1]。「世界一、食事がまずい国」「紅茶の国」と呼ばれたかつての面影は、どこかへ消えてしまっていた。

そこには80年代のバブルな東京と、人種のるつぼと呼ばれたニューヨークを足して2で割ったような、あたらしい都市の姿があった。ロンドンはヒト、モノ、カネが絶え間なく循環する、変幻自在の流動性都市へと変貌《へんぼう》したのである。

イギリスは、いくばくかのプライドと伝統を犠牲にしたかもしれない。しかし、07年のロンドンは、かつての覇権国家を思わせる勢いを取り戻していた。少なくとも、僕がそう感じたということは、まぎれもない事実だ（ちなみに、95年に日本の半分程度だった国民ひとりあたりのGDPは、以降じわじわと伸び続け、04年にはついに日本を追い越した）。

彼らが選択したグローバル化という錬金術が、正しかったのか間違っていたのか、それは後述するとして、まずは1980年代にはじまり、90年代後半に一気に加速したイギリスの現代版・開国物語を、もう少し詳しく見ていくこととしよう。

たった10年で20世紀を駆け抜けたイギリス

1997年。それはイギリスにとって、間違いなく大きな節目となった年だろう。

この年、イギリスは忘れがたい二つの出来事を経験している。ひとつは、トニー・ブレア率いる労働党政権（ニューレイバー）の誕生。そしてもうひとつは、The people's princess（国民のプリンセス）と慕われたダイアナ元皇太子妃の死である。

この象徴的な二つの出来事は、イギリスの人々にひとつの時代の終わりを強く印象づけたに違いない。僕はそう確信している。事実、この年を境に、イギリスは急激に変化していく。それはブレアに率いられ、グローバル化へ大きく舵《かじ》を切ったイギリスの、10年に及ぶアメリカナイゼーションという名の熱病のはじまりだった。

たとえば、こんなことがあった。ロンドンに住みはじめて少し経ったある日、ふとテレビを眺めていたときのこと。素人が何人か出てきて、パフォーマンスを披露していく、勝ち抜き歌合戦のような番組がはじまった。そのときに感じた強烈な違和感を、僕はよく覚えている。何が変かと言うと、番組の中でやたらと出演者が泣くのだ。後々、知ったのだが、それは「The X Factor（エックス　ファクター）」という番組で、04年から放送されているる大人気シリーズなのだそうだ。こういう〝お涙頂戴〟的なリアリティ・ショーがイギリスで大ヒットしているなんて、僕はにわかには信じられなかった。

出演者がすぐに泣く、すなわちオーバーに感情を表現することは、イギリスの伝統においてはご法度《はっと》と考えられていた。むしろ感情を内に秘め、常に冷静に振る舞うことが美徳とされる文化だったはずだ。僕が知らないうちに、いつのまにかイギリスは、安っぽい涙と感動が商売になる、すなわちアメリカ的な〝インスタントなエモーション〟が蔓延《まんえん》する国になっていたのだ。

それは人々の感情に限ったことではない。ライフスタイルも、経済も、アメリカ的な表層的価値観を欲望の根拠にして、イギリスはインスタントな方向へとひた走っていった。そう、誇り高き彼らがそれまで敬遠してきたもの、つまり「20世紀的なもの」のすべてを、みなが一斉に享受しようと舵を切ったのだ。その狂乱は、アメリカのサブプライム問題が飛び火し、ノーザンロック銀行で取り付け騒ぎが起きた07年9月まで続き、08年秋の世界的金融危機で、多くのイギリス人は、このままではいけない、と再び大きく舵を切ることになる。つまり、イギリスという国家は、わずか10年あまりで20世紀のすべてを駆け抜けたのである。

1997年までのイギリスは19世紀だった!?

大量生産と大量消費、そして効率のみを追求する巨大企業システム――。僕の考える「20世紀的なもの」の正体とは、そんなアメリカ流の資本主義システムだ。

前項でも述べたように、僕の持論では、イギリスの20世紀は1997年にはじまり、2008年に終わりを告げた。それは言い換えると、イギリスにおいては1997年まで19世紀が続いていた、ということだ。なぜなら第2次世界大戦後、アメリカやヨーロッパ諸国、そして日本が次々に高度経済成長を遂げ、アメリカ流の資本主義、つまり20世紀を謳《おう》歌《か》していたころ、イギリスはその恩恵をほとんど受けることなく、長引く不況にあえいでいたのだから。

それには、いくつかの理由がある。

19世紀初頭、イギリスはいち早く産業革命を成し遂げ、他国に軍艦で乗りつけて植民地化し、あらゆる富を吸い上げるというやり口で世界に君臨した。世界中から入ってくる豊富な原料をもとに、大量の製品を世界市場に送り込み、やがてポンドは世界の基軸通貨になる。イギリスは「世界の工場」「世界の銀行」としてますますその優位性を高めていった。文字通り、覇権国家として絶頂を極めていたのである。

面白いのは、そんなイギリスの貿易収支はずっと赤字だった[*2]ということだ。実際、イギリスの製造業は、後発のアメリカやドイツに追い上げられ、瞬く間に勢いを失っていった。

それなのに、なぜ彼らは「覇権国家」でいられたのか？　そのカラクリは、蓄積された豊富な資金をアメリカなどの外国政府や鉄道、鉱山などへ「投資」することで得た膨大な利子収入にあった。だから、自国の産業がダメになっても、イギリスは経常黒字を維持できた。金融業で経済を牽引するイギリスの錬金術は、この時代に確立された、と言えるかもしれない。

ところが20世紀に入ると、世界恐慌や二度にわたる世界大戦に巨額の戦費を投じたせいで、イギリスの経済は次第に疲弊していく。とくに植民地が次々と独立を果たした第2次世界大戦後のダメージは大きく、イギリスは当時のツケを一気に払う格好となった。

また、景気がいいころに作られた、社会保障に重点を置く政策も、大きなネックになった。人々は手厚い福祉に甘えてすっかり勤労努力を怠り、イギリスはますます非効率な国家へと没落していく。やがてイギリスとポンドは信頼を失い、基軸通貨としての地位を完全にドルに奪われてしまう。

さらに、欧州連合（ＥＵ）の前身・欧州共同体（ＥＣ）への加盟が遅れたこともイギリスの首を絞めた。ヨーロッパ統一の構想は、当時フランスやドイツ主導で進められていた。

そこに後から仲間に入れてもらうなんて、かつての覇権国家のプライドが許さなかったのだ。

さらにダメ押しのようなオイルショックがイギリスを襲う。年平均10％を超えるインフレに、失業者の増加、そして続出するストライキ。病院や学校までもが閉鎖され、国民の生活はほとんど麻痺《まひ》状態に陥ってしまう。

大英帝国と呼ばれ、世界を支配したイギリスのその凋落《ちょうらく》ぶりは、皮肉を込めて「英国病」と呼ばれた。それは当時のイギリスが、かつての栄光＝19世紀という亡霊に取り憑《つ》かれていた何よりの証拠とも言えるだろう。このあたりは、今日の日本と大きく重なるところもあると、個人的には思っている。

サッチャー政権の構造改革

世界の覇権をアメリカに奪われ、まさに死亡寸前だったイギリス経済に、強烈なカンフル剤を打ち込んだ〝鉄の女〟、それがマーガレット・サッチャーだ。

「新自由主義」を標榜する、保守党のサッチャー政権が誕生したのは１９７９年。彼女は

「英国病」を治療するため、断固とした改革を押し進めていく。

「社会などというものは、存在しない。あるのは個人と家庭だけ」

この言葉は、サッチャーの方針を端的に表している。要するに彼女は、手厚い福祉に甘え、いつしか努力することを忘れたイギリス国民に「この世は弱肉強食。頼れるものは自分だけ」と言って、尻《しり》を叩《たた》いたのだ。

サッチャーの政策は、ざっくり分ければ「国有企業の民営化」「労働組合の弱体化」「大規模な規制緩和」ということになる。彼女は、市場原理を重視した「小さな政府」を目指した。

そして、86年。サッチャーは金融ビッグバンと呼ばれる大規模な規制緩和を実施する。株式売買手数料の完全自由化、取引参加資格の開放によって、アメリカをはじめとする外資がロンドンの金融街シティへ大挙して押し寄せた。にわかに活気を帯びはじめた金融サービス業へ、工場をリストラされ職を失った人々は、次々と転職していった。この一連の出来事は、イギリスが経済の主軸を製造業から金融業へとシフトしていく、ターニング・ポイントだったと言えるだろう。

ここでもうひとつ、特筆すべきは、サッチャーが積極的に手がけた「都市再開発」だろう。彼女は外資を誘致し、金融サービスの新しい拠点となる〝舞台作り〟も怠らなかった。金融の中心地シティから電車で約15分、ロンドン東部に位置するウォーターフロント地区「ドッグランズ」。彼女はここを、再開発＝ロンドン復興のフラッグシップとして選んだ。東京にたとえるならお台場と言いたいところだが、当時のドッグランズは、荒地と廃墟《はいきょ》しかなかった。スタンリー・キューブリックの映画『フルメタル・ジャケット』の戦時中のベトナムシーンとして撮影されるくらい、この地は何もなかったのである。

ここはその後、イギリスの三大高層ビル（ワン・カナダ・スクウェア、ＨＳＢＣタワー、シティグループ・センター）が立ち並び、世界中から名だたる金融会社や法律事務所などがテナントとして軒を連ねる、金融街「カナリー・ウォーフ」へと成長していく。そして文字通り、イギリスの再生を象徴する舞台となったのだ。

サッチャーが作った基盤に、ブレアは〝高価な包装紙〟でブランディングした

サッチャーは徹底した自由化によって英国病の治療に励んだ。そんな彼女の手荒な外科手術は、たしかにイギリスの膿《うみ》をある程度、取り除くことはできたかもしれない。しかし、その代償も、やはり大きかった。所得格差が拡大し、貧困層は増加。失業率はついに改善しなかったし、比例するように犯罪率もアップした。公共サービスの低下にも歯止めがかからない。とくに、医療や教育の現場の荒廃は深刻だった。

1990年にサッチャーが退任すると、その後をメージャーが引き継ぎ、結局、保守党政権は18年間も続いた。そんな97年に、労働党の圧倒的勝利によって登場したブレア首相を、イギリス国民が熱烈に歓迎したのも当然と言えば当然だろう。長きにわたって嵐のように吹き荒れた「サッチャリズム」に、イギリス国民は心底、疲れ切っていたのだ。

さて、あたらしくイギリスのリーダーになったブレアは、いったい何をしたのか？　サッチャーの新自由主義を真っ向から否定して、従来の福祉国家へと逆戻りしようとしたのか？　それとも、サッチャーのやったことをそのまま踏襲しようとしたのか？　答えは、そのどちらでもない。ブレアが選んだのは、弱肉強食の競争社会とも、従来型の福祉国家とも違う、効率的で公平なあたらしい路線。彼はそれを「第三の道」と名付けた。その簡潔でわかりやすいネーミングから、このスローガンはたちまちイギリス中に浸透した（提唱したのは厳密に言うとブレアではなく、社会学者のアンソニー・ギデンズ)。

面倒な説明を省いて、あえて一言で表すなら、ブレアの言う「第三の道」とは「きちんと義務を果たしてくれれば、国はちゃんと権利と機会を与えますよ」という政策である。彼は、国民に正しい自立を促し、貧しい者や社会的弱者に金ではなく、働く機会を与えようと考えたのだ。

ただし、忘れてはいけない。ブレアの登場は、ちょうどサッチャーが行った英国病の治療の効果が表れはじめるタイミング＝景気拡大期に合致する、ということを。ブレアが行った改革は、盤石な経済成長という前提なしには、成り立たなかった。そういう意味では、サッチャー改革の恩恵にもっとも与《あずか》ったのは、じつはブレアだったかもしれない。実際、ブレアは平等や自由を謳い、医療や教育といった公共サービスの再生を目指しながらも、市場原理を重視した規制緩和路線で、必要以上の福祉についてはサポートしない、というサッチャーの姿勢を継承していたのだから。

ただ、僕は思うのだ。ブレアの最大の功績は、批判を浴びたサッチャリズムに国民が気に入りそうな包装紙をかけ、まったくあたらしいものに見せかけて期待を得たこと、そこに尽きるのではないか。史上まれに見る好景気を追い風に、巧みなイメージ戦略とブランディング能力を発揮したブレア。イギリス経済再生におけるその貢献度は、決して無視することはできない大きさであった、と。

ブレアの国家ブランド戦略「クール・ブリタニア」！

ブランディングと言えば、もはや企業にとっては当たり前の戦略だが、それを国家レベルで成功に導いたのがブレアだった。

まず、ブレアが着目したのは、ＤＥＭＯＳというシンクタンクの若き研究員、マーク・レナードが記した『登録商標ブリテン』というレポートだった。閉鎖的で保守的、衰退する老大国。そんなイギリスのネガティブなイメージを、デザインやアート、情報メディアといったクリエイティブ産業によって変えていく……。ブレアは、そのアイディアをもとに、イギリスという国のブランドとしての価値を向上させようとした。

折しも当時は、イギリスの若者たちが発信するさまざまなカルチャーが、世界の注目を集めていた時期でもあった。音楽界では、オアシスやブラーといったバンドが牽引するブリットポップが人気を博し、映画界では『トレインスポッティング』の世界的ヒットにはじまるイギリス映画ブームが起きていた。ファッション界ではジョン・ガリアーノ、ポール・スミス、アレキサンダー・マックイーンなどのデザイナーが成功を収め、アートの世界ではダミアン・ハーストに代表されるヤング・ブリティッシュ・アーティスト（YBAs）の活躍が話題を呼んでいた。とにかくブレアは、その魅力的な素材を見事にパッケージングし、「クール・ブリタニア」というスローガンを付けて、各国大使館にブランディング担当を配し、国家としてのソフトパワーを大々的にプロモーションしたのである。

ちなみに、そのようなデザイン政策や芸術文化振興への取り組みは、目立たないながらも、サッチャー政権の時代からすでに行われていたものも数多くあった。それを「クール・ブリタニア」、訳すと「カッコいいイギリス」という高級な包装紙でくるみ、ブランド戦略として国内外へ大規模に喧伝《けんでん》したのが、またしてもブレアだったというわけだ。

ブレアは、クリエイティブ産業を「デザイン」「音楽」「建築」「ファッション」「映画」「演劇」「アート」「工芸」「ソフトウェア」「コンピュータゲーム」「テレビ・ラジオ」「広告」「出版」の13分野と定義、これらの振興のために多額の出資を行った。さらに、ファッションデザイナーのポール・スミスやヴァージングループ会長のリチャード・ブランソンらをメンバーに迎えて「クリエイティブ産業特別委員会」（Creative Industries Task Force）を組織し、民間と連携した産業育成を目指したのである。[*3]

ゲイ・フレンドリーな街に変貌したロンドン

イギリス経済を語る上で、僕が是非とも触れておきたいトピックがある。それが「ピンクポンド」。辞書には載っていないけれど、イギリス経済界では知らないものがいない、ユニークな言葉だ。

イギリスには、じつに多くの同性愛者たちが生活している。２００５年12月に発表された公式データ（イギリス政府の調査機関）によれば、イギリスの同性愛者人口は約３６０万人にのぼる。これは全人口に対する割合で言うと、約６％に相当する。そんな彼らの旺盛な消費活動によって生み出され、市場に流通する貨幣、それをピンクポンドと呼んでいるのだ。06年時点で、ピンクポンドの実質的な市場規模は、およそ７００億ポンドと言われていた。現在のレート（1ポンド＝約１４０円）で換算すれば、約10兆円という恐るべき規模だ。

ピンクポンドの担い手である同性愛者たちは、レズビアン、ゲイ、バイセクシャル、トランスジェンダーの頭文字から「ＬＧＢＴ」とも呼ばれている。そんな彼らは、ブレアが唱えた「クール・ブリタニア」にとって、この上ない「お得意様」でもあった。

まず、彼らの平均年収（約３万４０００ポンド）は、イギリス人の平均年収（約２万５０００ポンド）をはるかに上回っている。その傾向は、学歴にも同じことが言える。加えて、グルメでおしゃれな彼らは、外食や服飾にもお金をかけ、不動産の取得にも積極的だ。ライフスタイルも、旅行やパーティといった楽しいイベントから、オペラやコンサート、美術館めぐりといった知的好奇心をくすぐる趣味まで、とことん出費を惜しまない。つまり、ブレアの「クール・ブリタニア」政策が供給する優れたソフトを、ピンクポンドが活発に消費する、という好循環があったのだ。

だからと言うわけではないが、ブレア政権はＬＧＢＴに対して、とても支援的な姿勢を取った。98年当時のブレア内閣に、同性愛を公言する大臣が４人も含まれていたことも象徴的だ。なお、事実上の同性結婚を認める「同性市民パートナー法」が成立・施行されたのも、ブレアが首相に在任していた時代の出来事である。

LGBTに親和的なリーダー・ブレアによって、イギリスは同性愛者たちにとって住みやすい国となった。それは、首都ロンドンにおいても同様だ。ロンドンでは00年5月、イギリス史上初めて直接選挙によって市長選が行われ、ケン・リヴィングストンが初代市長に選ばれた（ちなみに、85年にサッチャーが大ロンドン市を廃止したため、ロンドン全域を統治する自治体はそれまで存在しなかった）。労働党の中でも左派と言われ、Red Ken の異名を持つ彼は、ブレア以上にマイノリティ擁護に熱心な人物だった。

そんな彼が市長を務めたロンドンは、街全体がゲイ・フレンドリーな空気に包まれていた。たとえば、06年に開催されたヨーロッパ最大のゲイの祭典「ユーロ・プライド」ロンドン大会。このイベントには、ロンドン市が助成金を出したのをはじめ、フォード・モーターやブリティッシュ・エアウェイズ、ロイズ銀行などの有名企業が、数多くスポンサーに名を連ねた。もともとデモ・パレードやイベント開催に寛容なリヴィングストンは、自らパレードの先頭に立ち、目抜き通りのリージェント・ストリートを4万人とともに練り歩いた。

世界一物価が高いにもかかわらず、夢とパワーと楽しみを求めて、ロンドンには日々、世界中から人々が押し寄せていたのだ。

移民政策、グローバリゼーションによる市場化への対応

「人と金は、外から集めろ」

それは、金融帝国イギリスの繁栄を支えた呪文の言葉と言えるだろう。たとえば、金融街シティに位置するロンドン証券取引所。3000社を超える上場企業のうち、600社以上をイギリス以外の外国企業が占めていた。[*4] その数年前までは、ニューヨーク証券取引所で上場するのがグローバル企業の「常識」だったが、それがロンドンへと変わりつつあったのだ。海外の金融機関がロンドンに次々と拠点を置き、シティで働く人の半分は外国籍と言われた。もちろん、その国籍もじつにさまざまだった。

なぜロンドンは、それほどまでに海外企業=外資を引きつけたのか？　それはニューヨークなどに比べて、圧倒的に規制関連のコストが低かったからだろう。誰にでも開かれた柔軟な市場、それがシティだった。

そもそものはじまりは、サッチャーが行った金融ビッグバンにある。そして、ブレアも低税率の姿勢を崩さず、とくに2期目に入った2001年6月からは、法人税の減税をさらに重視する方針を打ち出した。キャピタル・ゲイン課税の軽減をはじめとする内外資本への優遇策導入、そして公正取引庁の権限を強化して、カルテルや独占を徹底的に排除、規則緩和に努めた。*5

その結果、イギリスでは海外企業による買収ラッシュが起こった。鉄鋼のコーラスはインドのタタ・スチールに、工業ガスのBOCグループはドイツの同業最大手・リンデに。また、ガラスのピルキントンは日本板硝子、タバコのギャラハーは日本たばこ産業（JT）に買収された。まだまだある。イギリス第5位の電力会社スコティッシュ・パワーがスペインのイベルドロラに、ヒースロー空港を運営するBAAもスペインの建設会社フェロビアルに。そして200年の歴史を持つ港湾管理会社P&Oも、ドバイに拠点を置くUAEの国営企業ドバイ・ポート・ワールドに買収されている。また、実現はしなかったが、イギリス最大のガス・電力会社セントリカをロシアのガスプロムが買収しようとしたことも話題になった。

例を挙げるときりがないのでこの辺りで止めておくが、この時期のイギリスが、いかに外資による国内企業の買収に対して寛容だったかわかるだろう。ちなみに、イギリスの外資による直接投資受け入れ残高の対GDP比は、05年の時点で37・8％。世界一の高水準だった（国連貿易開発会議より）。

自分の国に足りないものは、他所から調達すればいい。そんなイギリスの柔軟な発想は、人と金をスピーディに、大量に集めることに成功した。それによってロンドンのシティは繁栄したが、その中心にいたのは大勢の外国企業と外国人だ。人はそれを、世界中から優れたテニスプレーヤーが集まったため、開催国イギリスの選手が勝てなくなってしまった大会の名になぞらえて「ウィンブルドン現象」と呼んだ。

それと同じことが、プロサッカー界でも起きた。プレミアリーグでは、全20クラブ中、8クラブを外資および外国人が所有。オーナーたちは、豊富な資金力で世界の有名プレーヤーを次々に獲得し、そのため、選手たちの顔ぶれもすっかりグローバル化した。

イギリスでは、そんなウィンブルドン化があらゆる分野に広がっていた。そんな気がしてならない。僕があの日ピカデリー・サーカスで見た21世紀の「人種のるつぼ」、それはまさに、このウィンブルドン現象と呼ばれる大きな嵐の「台風の目」だったのかもしれない。

ロシアとアラブの大金持ち&ビジネスマンの流入

もうひとつ、この時期のイギリス経済を支えた大きな存在がある。BRICs(ブラジル、ロシア、インド、中国)、そして原油高で潤った中東諸国などの新興国マネーだ。

新興国のパワーが勢いを増してきたのは、2001年の9・11テロ以降だろう。テロの影響で外資に対して神経質になったアメリカは規制を強化し、ウォール街は外国人が参入しにくい市場となってしまった。そのため、行き場を失った新興国のマネーが、オープンで外資にフレンドリーなイギリスへと一気になだれ込んで来たのだ。

たとえば、資源大国のロシア。原油や天然ガスなどの高騰を背景に、ロシアでは株価が急騰し、不動産価格も2倍以上に値上がりし、06年には首都モスクワが「世界一生活費が高い都市」と言われるなど、いわゆるバブルを迎えていた。そこで誕生した多くの富豪(成金?)たちは、新たなビジネスチャンスを狙《ねら》って、次々にイギリスへと進出していった。モスクワからロンドンまで飛行機で約4時間というアクセスの良さと、新規上場に対する規制の緩さは、彼らにとって大きな魅力だったに違いない。そしてロシアンマネーが大量に流入したロンドンでは、ロシアの祭典「ウィンター・フェスティバル」が開かれ、ロシア人たちのコミュニティがあちこちに形成された。

イギリスは、中東オイルマネーへの対応も早かった。政府は、オイルマネーを囲い込むため、イスラム金融の取り込みに動いたのだ。イスラム金融とは、経済活動においてもアッラーの教義を遵守《じゅんしゅ》したいと考えるイスラム教徒たちが独自に立ち上げた金融システムのこと。イスラム圏では利子の概念が教義に反するため、イスラム金融ではこれを「配当」に置き換えるが、イギリスの税制では「配当」は課税の対象になってしまう。そこで政府は、利子と同様、配当も控除の対象となるように税制を変え、イスラム債の発行を促したのだ。狙いはもちろん、イスラム債を引き受けるオイルマネーだ。

こうした優遇政策は、もちろんロシアやイスラム圏の人々に限った話ではない。イギリスは多くの外国人に対して、優遇する方針を取り続けた。イギリスの税制では、居住者・非居住者という区別以外に、イギリス国内に「本拠がある」(Domicile)、「本拠がない」

(Non-Domicile)、という区別がある。簡単に言えばNon-Domicileとは、イギリス在住ながら、永住する意思はない外国人のことだ。日本人である僕も、基本的にはこのカテゴリーに入る。

さて、イギリスではこのNon-Domicileに対して、非常に有利な税制が取られていた。たとえば所得税で言うと、Non-Domicileはイギリス国内の所得に対してのみ税金を払えば良かった。つまり、海外に不動産をたくさん持っていて、それらを売り飛ばして多額の売却益を得ても、課税されなかったわけだ。これは世界でもほとんど類を見ないユニークな制度と言われている。[*6] 外国人にとっては、さながらタックス・ヘイブン。世界経済の中心へと回帰しつつあったロンドンに、世界中からスーパーリッチたちが集まってきていた背景には、そういうカラクリがあったわけだ(08年の税法改正によってこの優遇は失われた)。

イギリスを目指す外国人たちは、もちろん彼らのような大金持ちだけではなかった。04年のEU拡大で、あらたに加盟したポーランドなどの東欧諸国から、大量の労働者がイギリス国内に流れ込んできた。ドイツやフランスではすぐに移民受け入れを制限したが、イギリスはそんな移民たちにも門戸を開いたのだった。その結果、イギリスの人口は05年6

月までの1年間で37万人ほど増加したという。[*7]

2012年にロンドンオリンピックを控え、建設ラッシュを迎えていたロンドンでは、彼らは「安価な労働力」として重宝された。また、若い移民たちの増加は、少子高齢化に怯《おび》える老大国の若返りにも貢献した。けれども一方で、移民や外国人の存在に不満を募《つの》らせるイギリス国民も少なくはなかった。莫大な財産を持ちながら、税金も払わず、いい暮らしを満喫するスーパーリッチたち。あちこちから大量にやってきて、仕事を奪っていく移民たち。そんな自国の歪《ゆが》んだウィンブルドン化は、イギリス生まれの生粋のイギリス人たちにとって、たしかに不公平に映っただろう。

たった10年で20世紀を駆け抜けたイギリス。覇権を取り戻すため、無理を重ねて加速を続けた成長のエンジンは、ついに限界を迎えようとしていた。その歪みが頂点に達した07年、イギリスには再び凋落の不協和音が聞こえはじめていたのだ。

ブレアとともに去ったイギリスの20世紀

勘のいい読者なら、すでにお気づきだろう。そう、イギリスの20世紀とは、すなわちブレアの時代だった。両者のはじまりと終わりは、驚くほどぴったりと重なっている。

イギリスの史上まれに見る好景気、失業率の低下、教育・医療サービスの拡充、そして北アイルランド和平……。これらはすべてブレア時代に実現した出来事である。言うなれば、彼が唱えた「第三の道」の「正の遺産」だ。ところが、そんなブレア政権の栄光は後半、一気に暗転する。そのきっかけは、2001年9月11日の同時多発テロにあった。ブレアはフセイン政権打倒のためにイラク攻撃を強行しようとするアメリカに同調し、03年3月のイラク開戦へと突き進んでいく。国内外から強い反感を買ったこの一連の流れは、彼の人気を致命的に失墜させる原因となってしまう。

イラク派兵については、フランスやドイツ、ロシア、中国などの国々が強く反対を表明していた。にもかかわらず、ブレアがアメリカに同調したのには、それなりの理由がある。それは米欧協調の指導役を目指す外交政策にあった。ブレアは、ヨーロッパとアメリカの間に位置する島国というイギリスの地理的立場を利用して、両者のパイプ役になろうとしていた。両者に対して指導者として振る舞えば、ヨーロッパ、つまりEU諸国に対して存在感を示すことができるし、アメリカの単独覇権を防ぐこともできる。そうすれば、国際社会におけるイギリスの影響力は、いやでも高まるからだ。

そんな中、勃発《ぼっぱつ》したイラク戦争の是非をめぐって、アメリカとヨーロッパが対立の構えを見せたとき、ブレアはアメリカの肩を持った。彼は経済面でも、軍事面でも、いまやヨーロッパをはるかに凌《しの》ぐ影響力を持つアメリカと、より強い協力関係を結ぼうとしたのだ。まるで20世紀に力を増したアメリカをうまいこと手なずけて、再び21世紀の覇権国家・イギリスを目指したかのように。

イラクへの派兵は、おそらくブレア政権最大の「負の遺産」と言えるだろう。高い理想とともにはじまった「第三の道」はどんどん迷走し、高い支持率を誇った政権もどんどん輝きを失っていった。国民の不満が頂点に達した07年5月、ついにブレアは、退陣を表明する。かつてないほど熱狂的に迎え入れられたリーダーが、最後は追われるように首相の座を去るとは、なんとも皮肉な話だ。それにしても、ブレアが親米的な外交を進めたこととリンクするように、イギリスの文化や経済がすごい勢いでアメリカ化していったという事実が、僕にとっては何よりも興味深いのだが、どうだろう？

聞こえはじめた凋落の足音

２００７年６月。ブレアに代わり、労働党の新しい顔として登場したのは、ゴードン・ブラウンだった。はっきり言えば、ブレア登場ほどの切れ味も新鮮味もない。党のナンバー２として「第三の道」を支え、10年にわたってブレア政権の財務相を務めた人物だ。財務相時代は安定した経済成長に貢献した実績に注目が集まったが、そんな彼をいきなり大きな試練が襲うことになる。

サブプライム問題という言葉がしきりにメディアに登場するようになったのは、ブラウンが首相に就任した直後の07年夏ごろからだ。まず、アメリカの証券会社ベア・スターンズ社傘下のヘッジファンドが、サブプライム関連商品への投資の焦げ付きが原因で破綻《はたん》。ベア・スターンズといえば、シティに次ぐイギリスの金融街カナリー・ウォーフのど真ん中にオフィスを構え、ロンドンでも猛烈な勢いで存在感を増していた大手金融機関だ。それは世界経済が軋《きし》みはじめたことを示す、最初の足音だった（ベア・スターンズ自体も08年3月、経営危機に陥りモルガンに買収された[*8]）。

9月に入ると、ロンドンでも「まさか」と思える衝撃的な出来事が起きた。住宅金融専業の大手金融機関ノーザンロックで、取り付け騒ぎが起きたというニュース。アメリカに端を発したサブプライム問題が回り回って、イギリスにも飛び火したのだ。イギリス政府は、預金者に対して初の全額補償という異例の措置に出る。好景気に湧いていたイギリス中に、大きな衝撃が走った（ノーザンロックは結局、08年2月にイギリス政府によって一時国有化されることになった）。

その日、僕は得体のしれない不安を感じて、自身のブログにこう記している。

オランダ中央銀行も、２００兆円を超える債務の可能性を発表。*9
ドイツの銀行も多額の損失。
というより、世界中で同時に取り付け騒ぎが起きたら、
誰が保証してくれるのでしょうか？
あわてて日本のテレビ・ニュースを見たが、どうでもいいニュースしかやっていない。
金融不安が世界中で起きているのに、実に平和な国だ。

まあ、こんなニュースじゃ視聴率は上がらないしな。
もしくはトロいか、本当にボケてる?
さて、次にババ引くのは、どこの国の誰でしょう?（2007年9月22日）

世界経済に対する不安、日本のメディアに対する不安。ノーザンロックのニュースは、まったく異質な2つの不安を僕に与えたけれど、その時点ではまだイギリスの経済に決定的な危機を引き起こすには至らなかった。ロンドンの高級不動産は相変わらずの高値を記録していたし、GDP成長率も前年比3・1%と好調だった。[*10] 週末のハロッズは入場規制をするほどの大盛況（このオンライン時代にデパートが!）だったし、大通りのオープンカフェに座れば、3分おきに見たこともない高級車が通り過ぎる。ちなみに、ナンバーは決まってアラビア文字である。

イギリスの経済は成長のエンジンを止めた後も、その慣性力だけでギリギリ持ちこたえ、最後の繁栄を謳歌していた。少なくとも、僕にはそんな風に見えた。爛熟《らんじゅく》し、行き詰まり、バランスを欠いた都市というのは、革命的なパワーを発するのが常だ。そしてそこからは、僕らが想像もしなかった、あたらしい「何か」が生まれる。たとえば、英国病に膿んだ70年代のロンドンからパンク・ムーブメントが生まれ、鉄の女サッチャーが降臨したように。そう、07年末のロンドンには、あのころと同じ「はじまりの予感」が満ちていた。何かに導かれるように、僕がロンドンへと引き寄せられていったのは、その予感に誘われたからなのではないか？　いま振り返ってみると、そんな風に思えてならない。ロンドンの繁栄の陰でゆっくりと育まれていた、あるムーブメントの萌芽《ほうが》を、僕は無意識に感じ取っていたのかもしれない。

リーマン・ショック直後のロンドン

２００８年9月15日、アメリカの大手投資銀行リーマン・ブラザーズが経営破綻した。説明するまでもなく、全世界を震撼《しんかん》させたあの「リーマン・ショック」のことである。

これをきっかけに、世界が一斉にグローバル恐慌へと突入していったのはご存知の通りだ。けれども、ロンドンの様子は他とは少し違っていた。当時の新聞の一面には、日々信じられない大不況の記事と、信じられないほど景気のいい話が、両方掲載されていたのだ。

たとえば、9月18日の地元大手紙一面には、「月曜の未曾有《みぞう》の大暴落」と「ダミアン・ハーストが、一日の美術オークションで140億円売った」という記事が並んで躍っていた。この分裂病的現象は、21世紀のロンドンならではだろう（「21世紀のロンドン」とは、20世紀と、まだのり替え切れない21世紀の両方が存在する特異な空間を指す）。

僕を不安にさせたノーザンロックの取り付け騒ぎから、ちょうど1年後に起きたリーマン・ショック。「次にババ引くのは、どこの国の誰か」――。

当時のブログを改めて読み返してみると、過去の話なのに、なぜか未来の話のようにも思える。そういえば08年の春ごろには、社会的流行に敏感なクリエイティブ業界や金融業界で働く友人たちが、頻繁に「スーパーバブル」という言葉を口にするのを聞いた。それは実体経済と金融経済とが、あまりにもかけ離れてしまった、ということを意味していた。ここ数年、世界各地でもっとも盛り上がったのは、証券取引所という国家公認の賭博《とばく》場だった。結局、次にババを引いたのは、そこで派手なマネーゲームを繰り広げたアメリカの大手投資銀行だったのだが……。

もちろん、その「公認賭博場」を率先して開放し、外資を取り込む「錬金術」で成長を続けたイギリスも、例外ではなかった。イギリス政府は10月24日、08年7〜9月期の実質国内総生産（GDP）の成長率が、前期比マイナス0・5％となることを発表。[11] それは92年以来、16年続いた景気拡大が終わり、とうとうリセッション局面に入ったことを認める、敗北宣言だった。実体経済から目を背け、バブルに浮かれたイギリスもまた、とんでもないババをつかまされてしまったのである。

僕には未来を予見する力があるわけではない。ただ、強いて言うなら、僕はこの数年間、世界中を飛び回って、現実を見る努力を続けてきた。その中で、わかったことがある。いまは、世界のあちこちで日々生まれるさまざまな構造を、正しく理解できる者がおいしいトコ取りできる時代だ、ということ。「よくわからない」と人任せにした瞬間、あっという間にババをつかまされる、わかりやすい時代。それは、時代や事象を自分の目で確かめ正しく考える人と、テレビやウェブでの情報収集を中心としている人との間に、埋めようのない情報格差が生まれはじめている、ということだ。

我々はメディアを鵜呑《うの》みにするでもなく、モニターの画面を眺めるでもなく、もっと世界の事実と向き合わねばならない。できれば、自分自身の目と足で。

イギリス15年景気の正体、それはアメリカとの連携プレー

リーマン・ショック以降、僕は毎日、ロンドンのＡＴＭから小額の紙幣を引き出すことを日課にしていた。そして、出てきた新札の番号を控える。おおよそだが、どれくらいの期間でどれくらいのお金が刷られているのか、個人的に推察していたのだ。

すると不思議なことに、どこの銀行のＡＴＭからも、どの紙幣でも続き番号の新札ばかりが出てくるのだ。まるで、宝くじのようにピンピンで通しナンバー。思わず「そんなに刷っちゃっていいの？」と心配になる。もっと不気味なのは、これと同じ現象が、08年末のニューヨークでも、09年初頭の東京でも起きていたということだろう。

ちなみに、お金というのは、刷ろうと思えばいくらでも刷ることができてしまう代物だ。そうなると「じゃあ、お金っていったいなんなの？」という疑問が浮かんでくる。究極的な結論は「共同幻想に支えられた紙きれ」。それは、多くの人が忘れているが、事実だ。つまり、それ自体には価値がない。だから僕は、お金が刷られまくっていたロンドンで、日々貨幣の価値が下がるのを実感していたというわけだ。

そもそも、こんな風に貨幣がひとり歩きするシステムはいつからはじまったのだろうか？　その原点は、おそらく1971年8月15日に起きた「ニクソン・ショック」だろう。当時のアメリカ大統領ニクソンが、ドルと金《きん》の交換停止を発表した日。

44年のブレトン・ウッズ協定で、ドルは金と交換できる唯一の国際通貨＝基軸通貨になった。それは、大英帝国とポンド凋落の瞬間だった。戦後の世界経済の復興とも重なり、大量のドルと大量のアメリカ製品が世界中にあふれる、アメリカ覇権時代が幕を開けたのだった。

ところが、基軸通貨となったドルは、いつしかアメリカが保有する金の量をはるかに超えて、世界中に流通してしまっていた。そんなカネ余りの状況が続けば、早晩ドルの価値は暴落する。もちろん当時の人々も「こんなにドルを刷っちゃっていいの？」と不安になった。08年のロンドンで僕が感じたのと同じように。そこで、世界中で一斉にドルを金に交換しようとする動きが強まったのだ。この要求に対して「すいません、もう交換できる金がありません」と自ら白旗を揚げたのが、ニクソン・ショックの顚末《てんまつ》というわけだ。

こうしてアメリカは、金の保有量を気にすることなく、ドルを刷ることができるようになった。当然のように、アメリカではインフレ経済化が進む。インフレが進めば、金利も上げざるをえない。ところが二度のオイルショック、そして爆発的にモノが売れた時代の終焉で、インフレと不況が同時進行するスタグフレーションに陥ってしまう。

そこで１９８０年代初頭、あらたに大統領となったレーガンは新自由主義的な規制緩和と構造改革を打ち出す。それとシンクロするように、イギリスでもサッチャー政権がまったく同じ発想で改革に着手しているのは興味深い。世界の覇者・アメリカが、その座から滑り落ちそうになったとき、かつての覇者・イギリスと手を握り、金融立国という新しい帝国を作ろうとした……というシナリオが見え隠れする。事実、これ以降、アメリカとイギリスの経済は、手に手を取り合って金融サービス業へと急激にシフトしていくのだから。

金融の自由化、そしてＩＴの進歩によって、新しい金融サービス・金融商品が次々に開発される。債券の証券化、レバレッジ、デリバティブといったギャンブル的なやり方は当たり前になり、実体のあるモノを売る市場を置き去りにした、金融市場のバブル化が進んでいった（そういう意味では、今回の金融危機はＩＴの使い方を間違えた結果とも言える）。その舞台となったのは、ニューヨークのウォール街とロンドンのシティだ。前述した通り、シティには巨額のオイルマネーや新興国マネーが集められ、それらはニューヨークのウォール街へと投資された。こうしてアメリカとイギリスは、二人三脚で海外から多額の資金を集め、それを数十倍ものレバレッジを利かせて投資して莫大な利益を得る金融帝国になった。

ロンドンでは、金融市場の急成長でシティだけでは手狭になり、前述したようにあたらしい金融街カナリー・ウォーフが発展。急激に価格が高騰した不動産は、完全に投資商品と化した。アメリカとイギリスは、両者ひっくるめて「アングロ・サクソン・モデル」と呼ばれることがあるが、バブルを背景に住宅を中心とした個人消費で景気拡大を維持していく仕組みは、たしかに両者ともよく似ていた。

イギリスで15年以上も続いた好景気。それは覇権国家アメリカとの連携プレーによる、実体のない「新帝国」の建国だったとも言える。イギリスは、そこに覇者として復活する夢を見たのかもしれない。結局その夢は、金融危機によって幻のまま潰《つい》えてしまうのだが……。

出来の悪い弟アメリカと、世話好きな兄イギリス

そもそも、なぜアメリカとイギリスはこれほどまでに親密なのか？　その答えは、両者の歴史を考えればおのずと見えてくる。言うまでもなく、アメリカは1781年にヨークタウンの戦いでイギリス軍に勝利するまで、イギリスの数ある植民地のひとつだった。

イギリスが北アメリカに最初の植民地を作ったのは、17世紀初頭のことだ。そして、同時期に入植していたオランダやフランスを蹴散《けち》らし、東海岸を中心に13の植民地を建設した。ちなみに、アメリカの首都ワシントンDCもニューヨークもその中に含まれる。イギリスが覇権を握ったおかげで、17～18世紀にはたくさんのイギリス人がアメリカに移り住んでいった。だからアメリカの支配階級には、現在もイギリスにルーツを持つ人々がたくさんいる。

共にアングロ・サクソン民族を祖先に持ち、同じ英語を母国語とする2つの国家。イギリスとアメリカは、いわば血縁、兄と弟のような関係なのだ。それが両者の際立った親密さの本質なのである。

そういう視点でこれまでの流れを見てみると、いろいろなことが腑《ふ》に落ちる。第2次世界大戦後、世界の覇権は兄イギリスから弟アメリカへと移った。そして1970年代、かつての自分と同じく危機に瀕した弟に、今度は兄が手を差し伸べる。そして金融市場という名の新しい帝国の建国を目指したのだ。つまりイギリスは、地理的にはヨーロッパと近い距離にありながら、軍事・経済的にはアメリカ（ドル）に近かったと言える。

ところが、21世紀に入ると、弟アメリカが暴走をはじめる。強引にイラク攻撃をはじめたり、京都議定書から勝手に離脱したり。そんなやりたい放題のアメリカに対して、ヨーロッパ諸国は対立を深めていく。世話役の兄イギリスは、弟アメリカに同調しながら、なんとかコントロールしようと奔走していた……というのが、2007年ごろまでの両者の関係だった。しかし、金融バブルの崩壊で経済がガタガタになってしまったイギリスには、もはやヨーロッパとアメリカのバランスを取ることが難しくなってしまった。

実際、金融危機以降のポンドの下落は凄《すさ》まじい。対円を例に挙げれば、09年1月23日に118円台を記録、ついに史上最安値を更新してしまった。さらに、アメリカの投資家ジム・ロジャースが「英国はもう終わりだ。北海油田の原油は今後なくなっていき、金融街シティもめちゃくちゃだ。英国は売るものが何もない。もう英国には投資しない」と発言し、ブラウン首相がそれに不快感を露《あらわ》にするなど、さまざまに論議を呼んでいる。[*12]

たしかに、ポンドが「もう終わり」と言う意見には、ある意味、僕も同調せざるを得ない。暴落を続けるポンドにこだわって、アイスランドみたいに自滅するか、ポンドに代わる「ニューポンド」を出すか、腹をくってユーロに加盟するか。僕が考えるイギリスの選択肢は、もうその3つしか残されていない。

ポンド暴落で、ロンドンは世界でもっとも「お買い得」な街に

一方で、ポンドの暴落は、ロンドンに不思議な現象を引き起こしていた。2008年末のロンドンのにぎわいぶりは、じつに凄まじかった。史上最高の記録的人出に、クリスマス商戦の売上も前年比で21%増加。デパートに入ろうにも、入場制限で長蛇の列。次々に報道される「悪い数字」と「現実」のかい離に、僕自身、とても驚いた記憶がある。アメリカとは対照的だ。

また09年には、不況を睨《にら》んで「プリ・ホリデーセール」などという聞いたこともないネ

ーミングで早々にはじまったセールも功を奏した。対円で考えると、08年の夏に10万円だった商品が、為替変動で5万6000円。それが歳末セールの60％オフで、2万2400円。加えて、政府の特別減税措置でEU外からの人々は免税となり、さらに15％オフのおよそ1万9000円！　それもH&Mから高級ブランド店まで、すべてである。呑気に午後2時に出かけていった僕は完全に出遅れで、「こんなになくなるの？」というくらい、店頭からは商品が消えていた。

僕の個人的な買い物を例に挙げると、たとえば32GBのSDカード。当時、東京の家電量販店で有名メーカー製品を買うと、だいたい3万円前後した。秋葉原やネットで探すと1万5000円ぐらい。それが、その時のロンドンだと、およそ7000円で買えてしまったのだ。

間違いない。08年末、世界でもっともお買い得な街は、ここロンドンだったのである。信じられないけれど、世界でもっとも物価の高かった街が、もっとも安い街に一瞬で変わったのだ。実際、メガブランドと呼ばれる商品も、世界でもっとも安いのはロンドンだった。今後、このような価値の180度の転換は、あらゆるジャンルで起こるだろう。

ちなみに、ロンドンで買い物をする人々の多くは、じつは外国人だ。わざわざ近隣諸国からやってきて、日用品までをも買っていく。それもそのはず、ヨーロッパ各地からロンドンに行く格安の航空券が充実しているからだ（たとえば、年末スペイン発ロンドン行の航空券は片道20ユーロ前後からある）。もちろん、ポンド対ユーロでユーロが強いことも要因になっている。それ以上に、わざわざ飛行機に乗って買い物に行く、というライフスタイルが確立しているのが面白い。そのようなライフスタイルは、「ハイパーモビリティ」と呼ばれている。

この「ハイパーモビリティ」とは、オックスフォード大学のスティーブン・ヴォートヴェック教授が提唱した概念で、航空運賃が安くなると爆発的に流動人口が増え、遊びや仕事の場所や機会が大きく変容を遂げる、というもの。それはポスト・インターネットとも言えるし、あたらしい民族大移動の時代の幕開けとも言える。

大きな変化に対して素早く動けることは、この時代、何よりも重要なことである。昨今のグローバリゼーションの正体はアメリカナイゼーションだということが日々露呈《ろてい》する一方で、「本当のグローバリゼーションとは何か」を、人々は楽しく買い物をしながら実感しつつあるように、僕には見えた。

あたらしいグローバリゼーションを感じたくて、僕も買い物をしながらロンドンの街をあちこち歩く。アメリカ的な資本主義とは明らかに異質な流れが、もうすぐそこまで来ている、そんな気がしていたのだ。

金融危機の震源地アメリカは、まるでソ連崩壊直後のロシアだ

買い物天国として想定外の活気を保っていたロンドンとは対照的に、金融危機の震源地アメリカからは次々に不穏なニュースが飛び込んできた。２００８年11月には、イリノイ州で警察官への給料が未払いになった。カリフォルニア州ではリーマン・ショック以降、財政危機の噂が絶えなかったが、翌09年2月6日、ついに州政府は支出削減のため、公務員20万人以上を対象に月2日間の無給の一時帰休を課す制度をはじめた。[*13] さらにカリフォルニアでは、免許センターなどで閉鎖日が相次いだ。

そんな中、09年の初頭にイギリスの「ガーディアン」紙や「インディペンデント」紙が大問題として取り上げていたのが、ドルの通貨量だ。その記事の根拠になっているのが、

アメリカ連邦準備銀行のグラフである。08年10月〜12月のたった3カ月で、なんと200年分のお金をマネタリーベースだが作っている。これはどう見ても、100年に一度の危機ではなく、史上最大の危機の間違いだろう。これで納得だが、08年末にアメリカに滞在した際、どこのATMでお金を引き出しても、新札しか出てこなかったはずだ。これだけ印刷すれば、この後どうなるかは、自明の理。実際のあたらしく作られたお金の大半は、プリントしていない情報貨幣だろうが、問題は、次のショックが今月か、3年後か、という「タイミング」の問題だけだろう。

ところで、この状況、何かに似ていないだろうか？　そう。1990年前後のロシアの状況にそっくりなのだ。ソビエト連邦が崩壊し、それぞれの国が次々に独立し、ロシア共和国が誕生したのが91年。市場経済が導入され、政府により価格の自由化が宣言されると、ロシアの物価は大暴騰。1年間に7000%というハイパーインフレに陥った。それは1個100円だったパンが、1年経ったら7000円になっている、という異常な世界。このハイパーインフレがアメリカで起こったら、どうなるか？　昨日1ドルで買えたジュースが、今日は100ドル払わないと買えないような世の中になったら、どうなるか？　アメリカが大量のドルを止めどなく刷っているのは、まぎれもない事実。「ハイパーインフレなんて起こるはずがない」なんて、それこそ幻想だ。

震源地アメリカの「ウォールストリート・ジャーナル」紙の09年新春コラムには、2010年中にアメリカが6つの国に分割される可能性がある、という衝撃的な内容が書かれていた。しかも、その確率は50％以上とのこと。これが、株価などの記事の視点を数字においた「数字教」の本丸、「ウォールストリート・ジャーナル」の発表であるところが面白い。次のショックで、暴動や内戦が起きる可能性もあるとのこと。他にも、北米大陸合併や新しいバスケット通貨の話も面白かった。

いかにもアメリカらしい映画のような話だが、いまから数年は何が起きても不思議ではない。物価が高騰し、経済が混乱した当時のソビエトでハイパーインフレや連邦政府の崩壊が起きたように、同じ道をアメリカも辿らないとも限らない。事実、前述のように財政危機に陥ったカリフォルニアでは、上位概念だった連邦法と州法の関係の見直しがなされ、それは「州としての独立への第一歩」と報道されている。

破綻の危機に瀕しているのは、カリフォルニアだけではない。フロリダ（51億ドル）やニューヨーク（55億ドル）、アリゾナ（20億ドル）、ネバダ（12億ドル）など、30を超える州が巨額の赤字を抱えている。[14] しかし、連邦政府に地方財政を救うだけの力が、いまも残っているかは疑わしい。そうなったとき、それぞれの州が連邦政府に見切りをつけ、独立宣言しても、ぜんぜん不思議ではない。

それにしても、アメリカでも有数の経済規模を持つカリフォルニアが事実上、財政破綻をし、独立を企んでいるというのは、けっこうな大ニュースだと思うのだが、なぜ日本のマスメディアはこのことについてほとんど報道しないのだろう？　日本人の僕は、そのことの方がどことなく恐ろしい。

もし、日本へアメリカから大量の移民がやってきたら!?

では、もし仮にアメリカ合衆国が崩壊したとしたら、どんなことが起こるか？　これはあくまでも仮定の話である。僕が思うに、まずは大量のアメリカ人が移民として世界各地に流出する。もちろん日本にも押し寄せてくるだろう。

彼らは家族連れで仕事を求めて日本を目指してやってくるのだ。そして、まずはコンビニやファミレス、ファストフードの店員となって働き始める。つまり、日本人からどんどん仕事を奪っていく。これはすでにイギリスで現実に起こったことだ。EUの発足を契機に、ロンドンには東欧やロシアから大量に労働者が流れ込み、イギリス人から仕事を奪っていった。その数は、じつに100万人以上にのぼると言われている。

ここで決定的に異なる点は、イギリスが移民政策をある種、戦略的に行ったのに対して、日本は移民に対してまったく無防備であるという点だ。これまで日本は、移民の受け入れに対して非常に消極的なスタンスを取ってきた。人口1000人あたりの外国人永住者の数は、2005年時点で0・6人にすぎず、イギリス（6・0人）やアメリカ（3・8人）に比べるときわめて少ない[*15]。けれども、もしアメリカから大量の移民が現実にやってきたら、決して邪険にはできないはずだ。なぜなら日本には、アメリカとの長年の無視できない関係性があるからだ。

戦争に負けた日本は、アメリカの占領下で新憲法を作らされた。教育基本法もまた然り。そして51年の、日米安全保障条約締結……。それ以来、日本は一度としてアメリカに反抗できずにいる。経済制裁や規制緩和など、横暴な要求をされても、いつも黙って従ってきた。それでも日本は「独立国」だと言えるだろうか？

戦後教育で骨を抜かれてしまった日本人にはそれほど自覚がないかもしれない。でも、こうやって海外をウロウロしていると、日本と世界との温度差をひしひしと感じる。事実、ロンドンの人はごく当たり前に「日本はアメリカのものだろう？」と言ってくる。植民地化による支配の歴史を持つヨーロッパでは、「あの国は誰々のもの」という考え方がいまだに定着しているのだが、そんな彼らから見れば、日本はどこからどう見ても「アメリカの属国」にすぎないのだ。

2009～2019年〝日本沈没〟のシナリオ

一方、当の日本政府は何をしていたかというと、2009年の初頭には、当時の自公政権が、国による「政府紙幣」と相続税免除の特典が付いた「無利子国債」の発行——なんてことを口走っていた。定額給付金という発想にも驚いたが、これにはもっと驚いた。まるで第2次世界大戦中に大日本帝国がばらまいた戦時国債じゃないか。当時、政府はこれらの国債を日銀に押しつけたため、極度のインフレが起きて戦後の日本経済を破綻寸前まで追い込んだのだ。今回の政府紙幣も、もし本当にそんなものを発行することになったら、急激なインフレや円の暴落を招いて、一気に日本経済を破綻へと向かわせるリスクが非常に高くなっただろう、と僕は踏んでいる。無利子国債にしても、相続税ナシというエサで釣って、詐欺まがいのやり方で国民に買わそうとしていたとしか思えない。そこで集めたお金はどこに行くのか？　もちろん、アメリカに他ならないだろう。

それにしても、そんな政府の暴挙に対して、日本人はみな本当に呑気だ。ここまで政治に無関心な国民は、世界でも珍しい。僕に言わせれば、政府に対する大規模なデモや暴動がなぜ起きないのか、不思議で仕方がない。09年夏に民主党に政権が変わったけれど、変わったことだけで安心しているようにしか見えない。

メディアもまた然りで、未曾有の金融危機で世界が青ざめていたとき、我が国のトップニュースは〝横綱の品格問題〟とか首相の漢字の読み間違いとか、ゴシップばかりだった。アメリカとの関係が非常に重要なのは誰もがわかっていることだが、肝心のアメリカの現実をニュースとしては報道しない。平和ボケ大国・日本の行く末が、僕は気がかりでならない。

言い方は悪いけれど、よくよく考えてみれば、日本は戦後60年にわたってアメリカにカツアゲされてきたのだ。安全保障をちらつかせて、さんざん吸い上げられてきた。僕たち日本人は、そろそろアメリカと決別しなければならない。いまがそのときなのだ。

ここで誤解してほしくないのは、僕は決して「ナショナリストになれ」とか「独自の軍隊を持つべきだ」などと言っているわけじゃない、ということ。僕が言いたいのは、国家なんて関係なく、個人レベルでいかにアメリカ的な価値観から離れられるか、ということなのだ。

僕にそのことを教えてくれたのは、1年に及んだロンドンでの生活だった。イギリスの人々は、アメリカと二人三脚で「20世紀」を謳歌してきたからこそ、そのアメリカ的な資本主義がほどなく終わるということにも、いち早く気づいていた。永久に市場を拡大し続けなければならない宿命を背負った20世紀的な資本主義に別れを告げ、21世紀を生き延びるためにはどうすべきか？　そしてイギリスの人々が辿り着いた回答のひとつは、「オーガニック」というキーワードだった。僕がこの章で書いた、ある「予感」とは、まさにこの「新オーガニック主義」のことである。

金融バブルの崩壊、そして資本主義の終焉が、なぜオーガニックにつながるのか。読者の方々には、あまりに唐突すぎる印象を与えたかもしれない。でも、ここまで読んでいただければ、一見まったくリンクしない両者の間に存在する〝必然の流れ〟について、自《おの》ずと理解してもらえると思う。

本当のグローバリゼーションは、個人個人が20世紀的なものと決別することからはじまる。

1 『イギリス経済再生の真実』（日本経済新聞出版社）26ページ

2 『通商白書』平成2年版第1章「世界経済・貿易の動向と課題」第1節　激動する世界と変貌する通商関係　自由な経済活動に関する歴史の教訓より

3 内閣府知的財産戦略本部コンテンツ専門調査会日本ブランド・ワーキンググループ（第1回）資料4
http://www.kantei.go.jp/jp/singi/titeki2/tyousakai/contents/brand1/1siryou4.pdf

4 『イギリス経済再生の真実』（日本経済新聞出版社）より

5　日本総研「2001/10/23　IT革命下の経済政策のあり方—急がれる21世紀型システムの構築／藤井英彦」より

6　財務省「税制メールマガジン」第54号　2008/8/7
http://www.mof.go.jp/jouhou/syuzei/merumaga/merumaga200807.htm

7　『イギリス経済再生の真実』（日本経済新聞出版社）より

8　ＭＳＮ産経ニュース、２００８年３月17日「モルガンがベアー・スターンズ買収を発表」より
http://sankei.jp.msn.com/economy/finance/080317/fnc0803171800007-n1.htm

9　ロイター、２００７年９月18日「信用収縮で各行は最大１・２兆ユーロの債務抱える恐れ＝オランダ中銀」より
http://jp.reuters.com/article/idJPnJT802581820070917

10　在英国日本国大使館「英国経済指標の推移」（２００８年２月）より。データの出典はOffice for National Statistics

11　三井住友アセットマネジメント　マーケットレポート（2008/10/30）より
http://www.smam-jp.com/market/report/marketreport/1205457_1951.html

12　asahi.com「英国経済は終わり」論争　ブラウン首相まで反論（２００９年1月25日）より

13　共同通信「米加州で公務員20万人一時帰休　財政破綻危機の支出削減で」（2009/2/7）
http://www.47news.jp/CN/200902/CN2009020701000180.html

14　Yahoo finance「States That Can't Pay for Themselves」（2008/10/8） http://finance.yahoo.com/loans/article/105909/States-That-Can%27t-Pay-for-Themselves

15

第一生命経済研レポート２００７年11月号「高まる外国人労働者受け入れ論議〜労働需要を慎重に勘案しながら就労機会の拡大を検討すべき〜」より

第3章　オーガニック・ライフ実践編

日本の〝オーガニック〟は本当のオーガニックではない

我々日本人が新オーガニック主義を理解し、実践し、オーガニック・ジャパニーズとして21世紀をサヴァイヴするためには、どうしたらいいのか？

その前に、まずは日本のオーガニックの現状を見てみることとしよう。

そこで、まず質問。日本の農産物のうち、オーガニック（有機）が占める割合は、どれくらいでしょう？

答えは、0・16％（農水省、2006年）。なんと1％にすら届かないのだ！

世界最大の有機農業組織「インターナショナル・フェデレーション・オブ・オーガニック・アグリカルチャー・ムーブメント」（IFOAM）によるデータを見ても、日本の農耕作地に占める有機農業の割合は、やはり0・16％。では、オーガニック先進国と言われるヨーロッパ各国のデータはどうか？　スイスが10・9％、イタリア8・4％、ドイツ4・7％、イギリス3・9％など（2005年調べ）、おおむね4〜10％という数値になっている。これだって決して十分とは言えないが、いくらなんでも日本の現状はひどすぎるだろう。なぜなら、韓国（2・01％）や中国（0・41％）などのアジア諸国と比べても、はるかに遅れを取っていると言わざるをえないからだ。

さて、日本で有機農業がスタートしたのは、「日本有機農業研究会」が組織された71年からだと言われている。欧米諸国と同様、日本の有機農業も、化学肥料や農薬漬けの近代農業に対する不信感やアンチテーゼからはじまった。1960～70年代には、続発する公害問題を背景に、消費者と生産者が協力して進める「提携」（産直・共同購入方式）という活動も起こっている。つまり、日本のオーガニックに対する取り組みは、決して世界に出遅れていたわけではないのだ。そのスタート地点に関しては。

ではなぜ、日本の有機農業は広がらないのか？　そこにはいくつかの理由がある。

まず、「労力がかかるわりには、利益が薄い」という問題だ。農薬や化学肥料をなるべく使わない農業は、大量生産ができず、当然ながらコストがかさむ。しかし、価格設定を高めにすれば消費者がついてこない。市場に出回る安い輸入品との価格競争に負けてしまう。そんなリスク回避の気持ちが農家に根強いのがひとつ。

そして、農協というシステムの問題。農協には、農家に農薬や化学肥料を売って利益を得ている側面がある。有機に切り替えられてしまうと売上減につながる懸念があり、また「有機は儲《もう》からない」という思いから、日本の農協は総じて有機に対して消極的だった。農家にしても、農協のような団体が体系的にサポートするシステムが確立されていないことで、有機への転換になかなか踏み切れない、という事情もある。

それは行政の対応の遅れにも一因がある。まず、日本では有機農業を研究する公的な専門機関が作られず、技術面や地域に合ったノウハウなどの情報が蓄積・共有されてこなかったからだ。法整備の遅れも否めない。99年7月にJAS法の一部が改正され、01年4月から「有機JASマーク」の認証制度がはじまったが、このマークを貼《は》るには厳しい認定基準を満たし、オーガニック検査員による検査を受け、第三者機関である認定機関から有機認定を取得しなければならなかった。

このように、国による支援政策がないまま、規制制度が先に作られてしまったことも、有機農業の普及を阻む原因になっている。ちなみに、日本で初めて国として「有機農業」を推進すると謳った法律「有機農業推進法」が施行されたのは、06年12月。ごく最近の話だ。

そして、これが最大の原因とも言えるが、オーガニックに対する消費者の意識の低さが挙げられる。「安全でいいものなら割高でも購入する」と本気で考える日本人が、いったいどれくらいの割合でいるだろうか？　有機野菜の見分け方を、いったいどれくらいの人が知っているだろうか？　その程度の知識でスーパーに行って、もし1本100円の大根と1本200円の大根が並んでいたら、あなたはどちらを手にするだろうか？　いまの日本には、なぜオーガニックが必要なのかきちんと説明してくれる人が誰もいない。要するに、教育の問題なのだ。

このままでは、日本のオーガニックはいつまで経っても「自由が丘の有閑マダムや一部のセレブだけが食べる贅沢品《ぜいたくひん》」のままだろう。もしくは、社会からドロップアウトした「ちょっと変わった人たちの特殊な趣味」のような間違った認識をされてしまうか……。僕は、それが残念でならない。

国がそんな体《てい》たらくである以上、やはり我々ひとり一人が変革しなければならない。そんな僕らにこそ、イギリスのオーガニック・ムーブメントの精神が必要なのだ。変革は、いつだって政府主導ではなく、ストリートからはじまる。

ここで、とても重要なことをひとつ。日本人は「オーガニック」を「オー」にアクセントを付けて発音するが、それは間違いである。本当のオーガニックは「ガ」にアクセントがくる。「オー」ガニックから、オー「ガ」ニックへ。変革の第一歩は、そういう些細《ささい》なところから拡大していくと僕は信じている。

思想にこだわるイギリス人、行為にこだわる日本人

日本で新オーガニック主義が普及しないのには、もうひとつの理由がある。それは、最近の日本人が、表層的な行為にばかりとらわれていることに原因がある。昨今のエコ・ブームを見てもそれは明らかだ。

たとえば、数年前から日本で大ブームになっている「エコバッグ」。コンビニやスーパーで買い物するとき、レジ袋の代わりに何度も使える買い物袋を持参しましょう、という運動だ。石油から作られるレジ袋の使用量が減れば、CO_2も削減できるという触れ込みであった。でも僕はこのエコバッグに、以前から素朴な疑問を感じていた。なぜなら、エコバッグを作るためにかかるコストや石油は、決してバカにならないからだ。

2007年ごろ、某有名ブランドが発売したエコバッグを買うために人々が前夜から大行列を作り、大混乱が起きたというニュースを見て非常に驚いた記憶がある。聞くところによると、そのエコバッグは、ヤフーオークションでウン万円の高値で取引されていたらしい。地球を守ろうという思い（＝エコ）が、完全に金儲けのツール（＝エゴ）と化しているのを見て、じつに滑稽《こっけい》だなと思ったものだ。

それに加え、ある日突然、悪者扱いされてしまったレジ袋だが、じつはこれ、石油のムダな部分、いわば廃棄しないとどうにもならなかった部分を有効利用して製造される、エコロジー技術の賜物《たまもの》なのである。その製造を止めると、石油のムダな部分が余ってしまう（ちなみに、この使い道のない石油成分は焼却処分する必要がある）。さらにレジ袋に代わるエコバッグを作らなければならないので、あらたに膨大な石油が使われる。これを本末転倒と言わずしてなんと言うか？　自著『サヴァイヴ！南国日本』にも書いたが、変えるべきなのはコンビニやスーパーに行くライフスタイルなのだ。

マイ箸ブームも似たようなもので、なんとなく「森を守る」というイメージでエコな感じがするが、そうではない。たしかに割り箸をバンバン使い捨てするのは少々気が引けるが、もともと割り箸は「端材《はざい》」を利用して作られていた。端材とは、森林を伐採《ばっさい》して木材を作るときに出る、使い道のない部分のことだ。つまり、割り箸はゴミとなって捨てられるはずの木材を有効利用するアイディア商品だったと言える。日本は世界でも有数の森林保有国だが、我々の安易なエコ意識が、森林資源の有効利用を阻んでいることは意外と知られていない。

ゴミの分別とリサイクルにも疑問が残る。たとえば、紙のリサイクルにはたくさんの石油や薬品が使われるし、ペットボトルのリサイクルも、きちんと行われているのか疑わしい。08年8月24日付のMSN産経ニュースの記事によると、自治体が収集したペットボトルが再処理業者に引き渡されず、認定外の事業者を通じて中国に輸出されるケースが増えているという。

そもそもリサイクルを徹底しているのは、ヨーロッパでもドイツほか数カ国のみ。僕が知る限り、イタリアやフランス、スペインに至ってはほとんどしていないし、イギリスでもわずかだ。最近は分別やリサイクルに対する意識が少し高まっているらしいが、僕がロンドンに住んでいたころは、リサイクル対象の資源ゴミ（ビン・缶・ペットボトル・古紙など）を除けば、燃える・燃えないの区別もなく、生ゴミから乾電池まで全部一緒に「一般ゴミ」として扱われていた。理由は、各国の焼却炉が強力になっているからだ。

日本人はヒステリックにゴミの分別に力を注いでいるが、本当にそんな分別が必要なのかどうかはすこぶる疑問だ。たとえば、僕が事務所を構えていた渋谷区では、２００９年になって、燃えないはずのプラスチックが燃えるゴミになった。ペットボトルや食品トレイ以外のプラスチックは、一律、可燃ゴミとして出すように、とのこと。ちなみに、隣の新宿区では「プラマーク」のついたものは資源ゴミ扱いなんだそうだ。また、某テレビ局へ行ったら、13種類にゴミを分類していた。どうやって分類するのだろう？

それにしても「燃やすとダイオキシンが出る」とかなんとかさんざん脅しておいて、いまさら何事もなかったように「燃やすことにしました」というのはどういうことだ？　僕は個人的に、ゴミは「燃やすゴミ」と「リサイクルするゴミ」の2種類に分別するだけでいいと思っている。だって、隣の区に引っ越したらいままで燃えなかったものが燃えるようになるなんて、おかしいじゃないか？　結局、それぞれの自治体の焼却炉の都合に国民は振り回されているだけなのだ。

要するに、日本人は情報に対してあまりにも無防備すぎる。情報を多面的に分析したり、深く考えたりする能力が、著しく低下しているように思えてならない。だから、行為しただけで安心してしまう。自分の行為がどんな意味を持ち、周りにどんな影響を与えるのか考察しようとしない。

一方で、イギリス人は行為そのものよりも、根底に流れる思想やスピリットを重んじる。「なぜ自分はそうするのか」という問いかけが前提にあり、自分なりの判断で行動する。だから、誰もやらなくても、自分がいいと思ったら行動する。「周りがやっているから自分もやる」という日本人的な発想は、彼らにはない。

もしかしたら、日本の「エコ」とイギリスの「グリーン」の違いは、そういうところにあるのかもしれない。最初は、単なる好奇心でも、ファッション感覚でもいい。ただ、新オーガニック主義を長期的に実践するなら、まず何よりも、そういった情報分析力と判断力を身につけてほしい。自分たちの行為が、国の都合や、政治家の金儲け、企業の偽善的スローガンの餌食《えじき》にならないためにも。

「○○バーガー」がニュースになるのは日本だけ？

第2章で、世界が金融恐慌を連日トップニュースで報道する中、大相撲や芸能人の話題をトップで流す日本のメディアのお粗末さを嘆いたけれど、もうひとつ、がっかりさせられることがある。それは「マクドナルドが○○バーガーを新発売」みたいなニュースが多すぎることだ。僕が知る限り、世界中でファストフードの新商品についてニュースで取り上げる国は、日本しかない。日本の広告業界はファストフードをはじめとする〝食のスポンサー〟に支えられているから、当たり前と言えば当たり前なのだが……。

それでは、海外では事情が違うのはなぜか？　答えは、そんな情報をニュースとして報じたら、国民からテレビ局に抗議の電話が殺到してしまうからである。つまり、スポンサーよりも、世論からの圧力の方が強くなっている、ということだろう。

「身体に害のあるジャンクフードについて公共の電波を使って宣伝まがいの報道をするなんてとんでもない！」。いまや世界全体が、そういう認識を持ちはじめているのである。

それどころか、ＢＢＣをはじめとするテレビ局では、〝ファストフードがどのように作られているか〟についてのドキュメンタリーを頻繁に放送している。その番組を一度でも見たら、二度とファストフードは食べないだろう、と思える内容である。実際、僕もイギリスで放送を見て、気持ち悪くなったのを覚えている。

タバコに対する規制の歴史を思い出してほしい。昔、タバコの広告や宣伝はテレビでもバンバン流されていたし、ありとあらゆる媒体で見かける存在だった。ところが、青少年への悪影響や健康への有害性がクローズアップされるにつれて規制が強化され、1998年にはついに放送媒体でのタバコのCMが全面禁止になった。欧米では、F1の中継でスポンサーのタバコ会社のロゴを消したり、タバコのパッケージに有害性を強調する写真付きのメッセージを載せたり、さらに極端な規制が布かれている。

いま、世界では、食べ物においてもこれと同じ動きが進んでいるのだ。もしかしたら、農産物のパッケージに「これは農薬をたくさん使って作られた野菜です。あなたの健康に害をもたらす危険性があります」なんて書かれる日が来るのは、そう遠くないかもしれない。少なくとも、僕はそう感じている。もちろん極論ではあるが、わずか20年前の喫煙者は、社会がタバコに対してこれほど厳しくなるとは思わなかっただろう。

食料自給率とオーガニックの普及は別問題

日本の食料自給率はカロリーベースで約40％。ご存知の通り、この数字は先進国の中でもかなり低い数値である。

ここ数年、日本列島を襲った産地偽装や毒入りギョーザ問題などの食不安で、日本の消費者の間にもようやく「このままだと、日本の食料管理ってヤバいんじゃないか？」という意識が芽生えてきたように思う。とにかく「自給率アップ」や「食の安全」といったスローガンやキャンペーンを、あちこちでよく目にするようになった。たとえば、渋谷で遊んでいる女の子たちが農業をはじめたり、雇用の受け皿として農業が注目を集めるなど、これまでにはなかった動きも登場している。その流れで「安心な食品＝オーガニック」を求める声が高まっているのも事実だ。

でも、話はそんなに簡単ではないはずだ。日本の農業の活性化やオーガニック志向の広がりが、即、自給率アップにつながると思ったら、それは大きな間違いだ。自給率の数値だけにこだわるのは、むしろ危険である。もしいま、日本の国民全員が江戸時代の食生活に戻ったら、すぐに日本の食料自給率は20％ぐらい上がるだろう。白いごはんに一汁三菜、のような昔ながらの日本食なら、それなりに国内の生産量で賄える。実際、1960年当時の日本は、米や野菜、魚介類、肉類、果物などほとんどの品目で、100%に近い自給率を保っていたのだ。

すなわち、食料自給率低下のもっとも大きな原因は、日本が戦争に負けて、食生活が完全にアメリカ化したことにある。パン食や肉食が定着したおかげで、もともと自給率が低かった小麦や大豆、とうもろこしなどを大量に輸入するという方法が習慣化。米など自給率の高い品目のシェアが減って、結果的に自給率が地盤沈下を起こした。これが自給率40%の〝トリック〟である。

日本の農業はいま、崩壊の危機に瀕している。耕作放棄地の面積はこの20年間で3倍に増え、農業就業者は60歳以上が全体の46・3%(08年)を占めるという超高齢化が進んでいる。40年近く続いた減反政策は、日本の農家の大規模化を阻み、規模の小さな兼業農家を大量に生んだ。そして国際相場の3倍以上の価格を保証し、年間2000億円にのぼる補助金をばらまき続けた結果、農家の生産意欲やモノ作りに対する企業努力を奪ってしまった。08年末、石破《いしば》茂農林水産大臣(当時)が「減反見直し」を訴えて大きな波紋を呼んだが、票田を失いたくない農林族や、米価格の暴落を懸念する農家の反対にあって、いまいち成果は上がらなかったようだ。

また、あらたに政権についた民主党が農業政策の目玉にしている「戸別補償制度」は、農家の生産コスト割れ部分を国が補償するというものだが、その成果は、数年経たないとわからないだろう。

それに、日本で作ることができる農作物には限界がある。高温多湿で雨が多い日本は小麦や大豆、とうもろこしの生産には不向きだ。これらは家畜のエサとしても重要な品目だから、いまの食生活が変わらなければ、相変わらず牛肉や小麦は大量の輸入に頼らざるをえないだろう。

また、冒頭でも述べたように、日本の有機農業は農産物全体の0・16%にすぎない。有機農家の数を増やしたり、支援したりする供給システムがないままに、やみくもに消費者のオーガニック需要だけが高まれば、どうなるか？　当然、有機食品も輸入に依存することになる。実際、中国からの大規模な冷凍有機野菜の輸入や、アメリカからの加工用有機大豆や有機米を使った弁当の輸入は増加している。農林水産省の調べでは、平成19年度の国内の有機ＪＡＳマーク貼付《てんぷ》量は５万３４４６トン。一方、輸入モノを含む外国で格付けされた有機農産物は、１９０万１５１８トンにも及んでいる。

農林水産省のサイトに、じつに興味深いページがある。そこには、次のような一文が記されている。

「私たちの食生活は、国内農地面積（４６７万ha＝平成18年）とその約２・７倍に相当する１２４５万haの海外の農地面積により支えられています」（「食料自給率の低下と食料安全保障の重要性」http://www.maff.go.jp/j/zyukyu/anpo/6.html）

これはつまり、日本の国土を２・７倍の大きさに広げるか、日本の人口を３分の１に減らすかしないと、自給率は１００％になりませんよ、ということなのだ。

もはや、ただ単純に「農業回帰」や「オーガニック」を謳っても、自給率を上げることは不可能なのだ。日本の食料事情は、それぐらいヤバい状況に陥っている。極端なことを言うようだが、本気で自給率を上げたいなら、日本人ひとり一人が己の食を見直し、伝統的な日本の食へと回帰することが必要不可欠なのではないだろうか？　しかも、早急に。

我々にはもう、多くの選択肢は残されていないのだから。

なぜ日本の伝統的な食生活は破壊されてしまったのか？

日本は敗戦国だ。なんと言っても、その影響が大きい。終戦後しばらく、飢えに苦しむ日本は、アメリカからの食料援助に頼ることになる。そんな中、1954年にアメリカでPL480号「農業貿易促進援助法」が成立。これはアメリカの余剰農産物を、発展途上国や飢餓に苦しむ国々へ〝平和的に〟売却するというものだった。このPL480号では、低利で長期、しかも自国の通貨で支払いができたので、援助される側にとっては非常においしい話だった。ところが、これが日本の食生活を激変させる原因になったのだ。

PL480号の成立と同じ年、日本では学校給食法が制定され、パンと脱脂粉乳《だっしふんにゅう》がメインの給食が一気に広まった。要するに、アメリカで余っていた大量の小麦が、日本の給食として処理されたのだ。極端な言い方をすれば、このとき日本の子供たちの舌は一斉に洗脳されてしまった。こうやってアメリカ型の食生活が習慣付けられたことにより、アメリカの小麦を大量に輸入するシステムが確立したのだ。

こうして日本人は、永続的に小麦や牛肉を買い入れてくれる、アメリカの〝お得意様〟

となった。総勢1億3000万人のリピーター、日本人。アメリカにとって、こんなにおいしいマーケットはない。

日本マクドナルドの創立者の藤田田《でん》氏は「人間は、子供のころに食べて覚えた味はその後、一生食べ続ける」と言ったらしい。でも、それが事実だとしたら、それほど恐ろしいことがあるだろうか?

もう、アメリカに憧れる時代は、終わった。21世紀を生きる我々には、むしろ日本人という誇りを持って世界と対峙《たいじ》することが求められると僕は思う。

セレブも注目する日本発の食事法、マクロビオティック

日本には、日本人が自覚していない優れた文化がまだまだある。その中でも、とくに僕が注目しているのが、玄米食を中心とした〝マクロビオティック〟だ。

これは新オーガニック主義とリンクする、もうひとつの注目すべきムーブメントだ。読者の方々も、その名前ぐらいは聞いたことがあるかもしれない。マドンナやトム・クルーズ、グウィネス・パルトロウなどの有名セレブたちが実践したことで話題になった食事法

のことである。

マクロビオティックと言うと、西洋に起源を持つように思えるが、この食事法を確立したのは桜沢如一《さくらざわゆきかず》氏という生粋の日本人である。彼は自身の結核を明治の食医・石塚左玄《いしづかさげん》の食養法で治したことから、日本の伝統的な玄米菜食に注目。東洋医学の陰陽五行説《いんようごぎょうせつ》をもとに食べ物で陰陽のバランスを取る食事法を「マクロビオティック」として体系化したのだ。彼は1950〜60年代にかけて欧米で活躍し、海外ではジョージ・オーサワの名で知られている。その遺志を受け継ぎ、マクロビオティックのさらなる研究と普及に努めているのが、これまたアメリカ在住の日本人、久司《くし》道夫氏だ。

日本の伝統食がベースであるにもかかわらず、この食事法が最初に注目されたのは1977年のアメリカだった。当時のアメリカでは肥満や糖尿病などの生活習慣病が社会問題化していた。そこで上院議員のジョージ・マクガバンは、病気と食生活の調査を開始。その結果を「アメリカの食事目標」というレポートにまとめて発表したのだ。通称マクガバン・レポートと呼ばれるこの報告書によって、マクロビオティックは一躍人々の関心を集めるようになる。

マクロビオティックの基本は、精白されていない米（玄米）や古代米（黒米、赤米など）、麦や雑穀《ざっこく》（あわ、ひえ、きびなど）を主食とし、副菜として野菜や海藻、豆類をとる食事だ。また、東洋思想である陰陽論もベースにあって、食品はすべて陰と陽、そして中庸に分けられる。これらをバランスよくとることが重要だとされる。

マクロビでは〝食材の旬《しゅん》〟という概念も重要視されている。それは「身土不二《しんどふじ》」という考え方で、「身体と大地は二つに分《わか》つことのできない同一のもの」ということを意味している。つまり、その土地で穫れた旬のものを、その土地の方法で食べましょう、ということ。マクロビオティックは単なる食事法ではなく、食べ物や環境、身体を「本来あるべき状態」に保つことを理想としているのだ。

身土不二はイギリス人の土に対する考え方に相通ずるものがある。そして旬を大切にする価値観は、地産地消を推進し、農家を招聘してオーガニック・マーケットを開くイギリス人たちの感覚とも非常に近い。また、これはフードマイルの問題の解決にも役立つはずだ。身土不二を唱えるマクロビオティックは、地球環境保護という側面からも、もっと注目すべき〝ライフスタイル〟であると僕は思っている。

とは言うものの、お恥ずかしい話、僕は日本人でありながら自国発祥のこの優れた食事法のことをロンドンに来るまでロクに知らなかった。僕に玄米食の素晴らしさを教えてくれたのは、他ならぬイギリスの友人たちである。彼らは「日本人なのに玄米をちゃんと食べないなんて！」「日本人はマクロビオティックを知らないのか？」と一様に驚いていた。

ロンドンでは、玄米のことを「ブラウンライス」という。そして、この「ブラウン」という色がポイントで、パンでも「ホワイト」と「ブラウン」があり、人工的に大きく加工された「ホワイト」ではなく、ロンドンの人々は「ブラウン」の食べ物を好んで食べている。アースカラーというか、土の色というか、マクロビの基本のひとつはここにあると思う。

知っている限りで、マクロビオティックを実践していると公言している有名人たちを挙げてみよう。ケイト・モス、シャロン・ストーン、ニコール・キッドマン、デミ・ムーアといった有名セレブから、クリントン元米大統領やキューバのカストロ前議長といった大物政治家まで……と、マクロビのファンはじつに幅広い。また、スポーツ選手の中にもマクロビオティックの実践者は多く、１９８２年と83年に２年連続で西武ライオンズが日本一となったのは、当時の監督だった広岡達朗が選手たちにマクロビオティックを実行させたからだとも言われている。メジャーに移籍した松井秀喜も、マクロビオティックを実践していることを著書で記している。

また、リッツカールトンは世界30カ国以上にあるすべてのホテルにマクロビオティックのメニューを導入し、話題を呼んでいる。

21世紀になって、ようやく日本でもマクロビオティックへの注目度が高まっていると聞く。それは素直に喜ばしいことだと思う。ただ、自国の食文化を見直すというベクトルではなく、昨今の海外セレブ・ブームがきっかけである、というのは少々残念だが……。

オーガニックは21世紀の社交術

第1章でも紹介した、ロンドンでもっとも有名なオーガニック・パブ「デューク・オブ・ケンブリッジ」。そこでは、とても興味深い光景が見られる。

周りのテーブルを見渡すと、ほとんどが女の子2〜3人+男性1人、というグループなのだ。しかも、女の子たちはみなオシャレな美人が多い。それに比べて、一緒にいる男の方はどうもパッとしない。お金は持っていそうだが、どことなくひょろっとしていてダサくて、メガネ率も高い。完全に「財布係」として呼ばれた風情を醸し出していて、「きっとあの中に狙っている子がいるんだな」と、同じ男としてはつい苦笑いしてしまう。

それだけではない。ファーマーズ・マーケットに通っている子も、「デイルズフォード・オーガニック」でランチをしている女の子たちも、みんな一様にセンスが良くてきれいなのだ。つまりイギリスでは、流行に敏感な若い女性たちが、新オーガニック主義を支えるコアな層になりつつあるということだ。心身ともに美しくなることを思えば、オーガニック文化に素敵な女性が集まるのは、もっともな話である。

これはイギリスだけでなく、世界中に共通していることだと思うが、流行というのはたいてい感度の高い女性たちの間で火が点き、加速度的に広がっていくものである。ここで言う〝感度の高い女性〟とは、ある程度の知的レベルと収入を持ち、情報収集と分析の能力に長《た》けた女性たちのことだ。彼女たちは、総じて美意識も高く、常に美しくあろうと努力を怠らない。そうすることが、自分の人生をより幸福にするということを、彼女たちはみな知っているからだ。

僕を含め男性は、あまり気にしたことはないだろうが、彼女たちが〝美〟にかけるお金は、かなりの額にのぼる。心から気に入った服やバッグには、惜しげもなく大金を支払うし、本当に効くと思ったコスメやサプリには、平気で1万や2万のお金を投下する。体型を維持するためには、高い会費を払ってもヨガやジムに通う。だから彼女たちが〝一様にセンスが良くてきれい〟なのは、本当の努力の賜物であり、ある意味、当然なのである。僕からしてみれば、その動向はきわめて信用に値する。

さて、美にこだわる彼女たちが、次に目をつけたのが〝食〟であった。いくら素敵な洋服を着ても、ジムで身体を鍛えても、脂っこい肉食やインスタント食品、ジャンクフードで身体の中を汚していては、意味がないのではないか？　毎日、身体に取り入れるものを見直すべきなのではないか？　そんな彼女たちの前に現われたのが、オーガニック・ムーブメントだったというわけだ。

いま、彼女たちの関心は「もっとも品揃えのいいファーマーズ・マーケット」や「有機野菜をもっと美味しく食べるための調理法」などに向かっている。数年前、着飾ってラグジュアリーな夜遊びに耽《ふけ》っていたことは、完全に過去の話。「The end of luxury, The beginning of Organic」と、すでにあちこちのラグジュアリー誌に書かれている。実際、パーティを回っても不景気なので空しい。いまはむしろ、週末のお昼に高級オーガニック・ランチを楽しみながら語らうのが、時代の社交スタイルなのだ。

20世紀までは、「あのブランドの限定アイテムはどこどこでゲットできる」とか「どこどこのクラブのVIPルームにタダで入れてあげる」といった情報を持っていることがカッコよかったが、ベクトルは完全に変化している。

これからは「どこの野菜がおいしかった」とか「どこのオーガニック・レストランが最高だった」という情報を持っている方が女の子は喜ぶし、あえて男性目線で言えば、確実にモテる。実際、海外で日本のマクロビオティックの話などをすると、みな興味津々で「どこでおいしい玄米が手に入るのか教えて」とメールアドレスを教えてくれる女の子も多い。

これは日本でもまったく同じことが言えるだろう。高感度な日本の女性たちの間には、じわじわとオーガニック・ブームが浸透しつつある。

現に、青山あたりを中心にオーガニック・カフェやレストランが増えた。「ブラウンライス」や「ロイヤルガーデンカフェ」などはいつも一杯だ。そこにいるのはほとんどが女の子で、彼女たちも「デューク・オブ・ケンブリッジ」のように、きれいでセンスのいい子が多い。何か強い意志を感じ、それが一層彼女たちを素敵に輝かせているように僕には見える。

他にも、オーガニックの個人宅配が人気を博したり、表参道のシャネルの入ったビルの地下でファーマーズ・マーケットが定期的に開かれたり、伊勢丹新宿店2階にオーガニック系ブランドを充実させた「ビューティアポカセリー」というコスメゾーンが登場したりしている。日本の男性は、残念ながら、まだこのあたらしい文化潮流にまったく気がついていない。

「土を耕し、オーガニックな野菜を作る」という行為そのものへの興味も高まっている。関東圏で言えば、千葉の「鴨川《かもがわ》自然王国」という、歌手の加藤登紀子さんが経営している農園には、20代の女の子たちが東京から移ってきているという。加藤さんの夫、故・藤本敏夫氏は有名な活動家で、当初は団塊の世代がリタイアしたときのためにこの農園を作ったというが、実際は20代の子たちの方が敏感だったようだ。その中には「ニューモダンプリミティブ」と呼ばれる、東京でのおしゃれな生活に物足りなくなって本気で農業へと関心が移ってきた子たちも含まれている。

都会をよく知っていて、六本木ヒルズあたりのラウンジで踊ることも知っているけれど、一方で、プリミティブな土に触ることで人間の本質を見直している。そんな子たちを「ニューモダンプリミティブ」と呼ぶ。〝都会の原始人〟という意味だ。アースカラーをまとい、その土地の魅力を感じ、人によっては刺青《いれずみ》やピアスを施し、自然とともに生きることを何よりも大事にしている。太古の民族の多くがしていた風習が、いま再び起きているように僕は感じるのだ。

とびきり感性の豊かな子たちが牽引役となり、多感で、今後の人生を大きく決める世代である20代の女の子たちが動きはじめているのだ。きっと未来はそこにあると僕は思う。

そういえば、気になるニュースを耳にした。09年3月に総務省が発表した推計人口（2008年10月1日現在）で、日本の25〜35歳の結婚適齢期にあたる女性の人口（外国人を含む）が減少に転じたとのこと。これは1950年の調査開始以来、初めてなのだそうだ。総務省の分析によると「海外に滞在・永住する女性の増加が一因」らしい。これはひょっとすると、賢い日本の女性たちが日本と日本の男たちに見切りをつけ、次々に海外脱出を果たし、ハイパー・ノマド化している証拠かもしれない。

晩婚化や結婚できない男たちが増えている昨今、やさしい女性の心をつかみたいなら、今日からオーガニック通になるべし、と誤解を恐れずに僕は言いたい。入り口は、そんな風に少々〝邪《よこしま》〟でもいい。どんな偉大なミュージシャンだって、はじめは邪な気持ちから音楽をはじめることが多い。何かを始めること、少し考えを変えてみること。まずはそこからで、やがてだんだんと本物になっていくのであって、はじめから本物の人なんていないのだから。

ちなみに僕は、2009年の秋までは渋谷と表参道の中間に事務所を構えていたが、そんな都会の真ん中で半永久的に暮らすようなことはやめることにし、退去した。北海道と沖縄に畑を持ち、頻繁にその地を訪れ、収穫期にはそこで過ごすような暮らし方を目指している。一方、都会で過ごすときは、ウィークリーマンションのような形態の方が便利だ。そして、しばらくはどこの国にも数カ月単位でしか定住しない。じつは、それこそが人間の本来の姿ではないだろうか。僕はそんな生活を実践しながら、人類の太古の記憶を自ら探っている。

きっとそのうち、多くの人たちも、ベランダ栽培からはじめて、そこにいまの各々の問題解決の糸口を見つけ、徐々に郊外に移り住んだり、都会と田舎の往復生活を送るようになるのではないだろうか。

個人レベルでできることからはじめよう

新オーガニック主義は、今日からはじめられる。

オーガニックへの第一歩は、それほど難しいことではない。まず第一に、都心にあるレストランの価格のほとんどは、不動産代金と物流コストだと認識すべきだ。その認識から、オーガニックははじまる。

続いては、食品そのものについて考えることである。オーガニックについてなんら知識がなくても心配はいらない。実際にオーガニックというものを体験することが大事だ。

いまなら大きめのスーパーや、デパ地下に行けば、たいてい有機野菜が売られている。その際は「有機ＪＡＳ認証」マークが目印になる。また、ネットで「オーガニック＋野菜

＋宅配」で検索して、宅配サービスを利用するのもいいだろう。こうして手に入れた野菜を、まずは食べてみてほしい。きっと、これまで食べてきた野菜と違う「おいしさ」を感じることができると思う。

スーパーや宅配をクリアしたら、次はファーマーズ・マーケットへ足を運んでみるといい。スーパーの商品と違って、ファーマーズ・マーケットでは有機ＪＡＳ認定という「お墨付き」がなくとも、生産者と顔を合わせて直接やり取りができるという信頼感がある。しかも、ほとんどの農家がオーガニックもしくは低農薬での栽培を心がけているため、安心だ。

東京では、代々木公園で月に一度のペースで開催されている「東京朝市・アースデイマーケット」(http://www.earthdaymarket.com/) がもっとも規模が大きく、有名だろう。農産物から雑貨まで、さまざまな商品が揃っている。そして、あまり知られていないが、あの六本木ヒルズでも朝市が開かれている。茨城の農家から新鮮な野菜を直送する「いばらき市」(http://roppongihills.com/jp/events/ibaraki.html) は、毎週土曜日の早朝に開催中だ。他にも、パタゴニア渋谷店で不定期に開かれている「オーガニックマーケット」や、毎週水曜日と土曜日の週2回、関東近郊の契約農家からの産直野菜を中心に朝市を展開している「イー・有機生活五反田店」(https://www.eu-ki.com/index.html)など、都心にも産直の農産物に出会えるスポットはけっこうあったりする。最近は、カフェやレストラン主催のものや、個人レベルでマーケットを開催する動きもあるようだ。

そんなオーガニックの盛り上がりに触発されたのか、2009年5月末には、なんと自民党本部でもファーマーズ・マーケットが開かれたそうだ。地産地消、食料自給率アップをアピールするために、自民党が主催したイベントには、約3000人の一般来場者が訪れたという。こういったことが一過性のイベントで終わらないことを、僕としては切に願う。

それにしても残念なのは、東京にはロンドンのようにマーケットの場所や開催日を網羅したポータルサイトが見当たらないことだ。だから現状は、「地名+朝市」で根気良くネット検索するぐらいしか方法がない。いつ、どこで、どんなマーケットが開かれるのか一発でわかるウェブサイトを、誰でもいいから一刻も早く作ってほしい。もしかしたら、あたらしい東京の観光名所になるかもしれないのだから。

また、「JA東京中央会」（http://www.tokyo-ja.or.jp/）で、最寄りの直売所を調べてみてもいい。23区内にもいくつか直売所があるので、利用してみるのも手だ。ちなみに、世田谷区の砧《きぬた》園芸直売所は、08年「ファーマーズマーケット二子玉川」にリニューアルされ、カフェを併設したおしゃれな空間に生まれ変わった。ここでは食育などのワークショップも開かれており、地域のコミュニティセンターとしても機能しているようだ。

以上、オーガニックをもっともダイレクトに体験できるファーマーズ・マーケットを紹介したが、それに慣れたら次はオーガニックの元になる「土」に触れてみてほしい。それは具体的に言うと「家庭菜園」である。コンピュータや携帯を持っていない人にメールを説明しても絶対に理解してもらえないように、こればっかりは実際に触れてみなければその良さはわからない。だからこそ、僕は声を大にして言うのだ。「なんでもいいから、自分で土に触ってみよう！」と。

オーガニックにおいて、土というのはすべての基本となるとても重要なものだ。土壌が農薬に汚染されていれば、オーガニックな野菜は育たない。土作りは、有機農業のカギを握るもっとも重要なステップと言えるかもしれない。だから「土」から農作物が育っていくプロセスを目の当たりにする、理解する、という体験は大切である。庭がなければ、ベランダ菜園でも構わない。とにかく試してみてほしい。

世界中を飛び回りながらトマトを栽培する

かく言う僕は、ロンドンでミニトマトを栽培していた。日本から栽培キットを送ってもらって、ベランダで育てていたのだ。

世界中を飛び回りながらトマトを栽培するという、一見矛盾するような行為ではあるが、生き方はフローで食べるものはオーガニックという、分裂した行為を同時に成立させることを、僕は現代的に「ハイブリッド」と呼んでいる。

また、栽培する本人が土に根ざしていなくても、食べ物を確保したり家庭菜園をするのは（規模にもよると思うが）割と簡単だ。いま住んでいるバルセロナでも、永田農法でミニトマトを作っている。自動水やり機とWi－Fiカメラがあるので、10日から2週間は目を離していても問題ない。邪道だと言われても、いまや、テクノロジーで多くの問題をカバーできる時代に僕らは生きていることを認識すべきだ。日本の農業は栄養のあげ過ぎが問題なことが多いので、少しくらい放っておいた方がいいと思う。過保護はよくない。もちろん品種にもよるところだが、ほとんどの植物は自然に成っている姿が理想的であり、収穫量を増やすために近代化された農業、すなわち工業化された農業が問題なので、個人で栽培するのであれば、あえて工業化された農業を営む必要はまったくない。スペインは日射しが強いので、放っておいても野菜はどんどん育つ。トマトなんて2カ月ちょっとで食べられるようになる。今度はオレンジとかオリーブに挑戦するつもりだ。

また、スペインは自給率が140％程度はあるので、地元の八百屋に行くと、ミントの葉とかオリーブとかをおまけでくれる。それくらい植物はどんどん育つので、太陽の恵みをあらためて感じるようになった。

住んでいる場所にもよるが、やってみると、思ったより食べ物は個人で作れることがわかる。これはちょっと別の話に聞こえるかもしれないが、グラフィックデザインなんて、かつては誰でもできるものではなかった。ところが、現在ではコンピュータの普及によって、かなりの人々ができるようになった。ブログなどもそうだろう。すなわちツール&マニュアルの発見である。同じように、ちょっとした農作物は、近年、ツール&マニュアル

（たとえば、さまざまな農法キット）が揃ってきているので、誰でもできるようになっている。お米を発泡スチロールの箱の中で作るキットもある。

さて、農産物に関しては、ハーブも試したけれど、やっぱりミニトマトの方が育てていて楽しかった。なぜなら、実が成るものの方が見た目にもいいし、収穫の際の喜びが大きいからだ。女性はハーブの寄せ植えとか大好きだけれど、僕は男性には実が成るものの栽培をおすすめします。

第1章でも触れたが、数年後を目処《めど》に、僕は沖縄で食べ物とエネルギーを100％自給自足する、あたらしいシステムの構築を目指している。水を循環させ、電気は自家発電、さらにはミニ水田を作って食べ物もすべて自分で賄えるようにしたい。小麦からパンも作れるようにしたい。本書執筆時点で僕は45歳だから、できればあと5年ほどでそんな生活ができるように計画しているのだ。

中学生だった1970年代後半、まだオフィス用の大型コンピュータしかなかった時代に、秋葉原でポケコンと呼ばれるポケット・コンピュータに出会ったとき、「これからコンピュータは個人のものになるだろう」とどこかで直感した。アップルのスティーブ・ジョブスもマイクロソフトのビル・ゲイツも、同じようなことを回顧録で話している。おそらく僕がいま多感な子供だったら、「きっとこれからはエネルギーも農業も個人化するだろうな」と直感で感じていたことだろう。

まずは土いじりやベランダ栽培からはじめてみよう。そうすると楽しくなってくるから、郊外に畑を持ったり引っ越したりと、そのうちに生活がどんどん変わるに違いない。

バルセロナで食べる玄米パエリャ

栽培した野菜を収穫したら、今度はおいしい食べ方を研究してみるといい。書店に行けば膨大な数のレシピ本が置いてある。どうせなら、マクロビオティックのレシピにチャレンジしてもいい。

僕はロンドンでも、そしていま住んでいるバルセロナでも、玄米を取り入れた僕なりのマクロビ食を実践している。ポイントは、玄米を発芽させること。玄米はこの世で唯一の完全食なのだ。不規則な生活の上、それまでは決して誉められた食生活ではなかったので、常に胃腸の調子は快調とは言えなかったが、発芽玄米を食べはじめたことによって、自分でも信じられないほどすこぶる快調になった。バルセロナに引っ越してからは、発芽玄米でパエリャを作り、これは地元のスペイン人にも大好評。

過日、テレビ番組の企画として、バルセロナの海岸で、日本一おいしい玄米「但馬《たじま》村岡米」を使ったフリーランチのパーティを開いた。バルセロナの有名レストラン「エスクリバ」のシェフ、ジョアン氏に特製の玄米パエリャを作ってもらい、現地の人々に振る舞ったのだ。イベントは大好評で、あちこちでいろいろな人から「本気で店を出さないか？」なんてうれしいオファーをいただいたりもした。

でも、僕はシェフではない。フードマイルの問題を考えるなら、本当は現地で玄米を作るのが一番いいのだろうけど、僕は農家でもない。そんな僕にできることは、やっぱり日本の良いものを伝え続けることなのだと思っている。マクロビの地産地消という考え方にこだわるなら玄米の輸出はおかしい、と思われる鋭い読者もいるかと思われるが、ないものは仕方がない、ということに尽きる。

イベント会場に設置された21世紀のハイテクＤＪシステムと、太古からある俵の玄米、そしてパエリャの鍋。そういう異文化のミックスや思想としてのハイブリッドを届けることが、おこがましいかもしれないが、僕の使命だと思っている。

世界ではいま、日本の食に対するニーズがかつてないほど高まっていると感じる。僕は、そのニーズに応えられる、優秀な日本人が登場してくれることを切に願っている。ここに紹介したように、小さなことから実践し、オーガニック体験を積み重ねた志の高い若者がいたら、僕は喜んで応援したい。もしロンドンにジェイミー・オリバーのような日本人カリスマ・シェフが登場したら、じつに面白いではないか。ハイパー・ノマドなオーガニック・ジャパニーズの誕生が楽しみでならない。

オーガニックとは、食べ物を個人に取り戻すことだ。個人レベルに取り戻すことだ。効率化を突き詰めれば、質より量になる。工業化された作物を食べている現状について、もう一度それぞれが考え直し、食をめぐる環境を作り直すこと。これがオーガニックだと僕は思う。

21世紀的な「ノマドロジー」のススメ

最後に、大きな時代の変化の話をしたい。

前述したように、20世紀的な問題は、「都市システムの問題」だったのだと思う。もう少し引いて言えば、「効率化」を追求しすぎたことが問題だった。たとえそれが人間的でなくても、自然の法則に反していても、効率的に仕事をすることが美徳で、効率的に作物を作ることは素晴らしい。そうやって効率を突き詰めた結果がいまの多くの問題の根幹にあると僕は思っている。その効率化の最たるものが都市と都市システムである。

基本的に、都市は20世紀のもの。19世紀まで、世界にはそんなに大きい都市はなかったのだが、20世紀になると大都市が世界の至るところで次々と出現した。およそ130年前に電気が事業化され、エレベーターが登場してから、都市は横だけではなく、縦、すなわち天に向かって競い合うように高層化し、効率化を目指した。

第1章でも触れたように、世界で最大の都市はロンドンでもニューヨークでもなく、東京だ。3300万人を擁する東京圏、その「東京」は古いものを次々と壊し、ただただ効率化を目指した。不動産にしても、流通や交通にしても、何をおいても効率化だけを追求したのが東京なのである。コンビニエンスストアがこんなに密集しているのは東京だけだし、オフィスビルの考え方にしても、建てる前から、延べ床面積から算出される家賃を回収するにはどうしたらいいか——といった効率化だけを追求しているのがわかるだろう。

これは、頭の良い日本人のいいところでもあったのだが、こういった効率化モデルはその時点だけの話であり、それが20年、30年経つとどうなるかなど、ほとんど考えられていない。結果として、いまやそれが弊害になっている。

これを逆の方向から見ると「便利さ」になる。すなわち、ビルのオーナーは「効率化」を求め、そのビルを借りる側は「便利さ」を求め、その「効率化」や「便利さ」を伝える人は、「わかりやすさ」を求める。この「効率」「便利」「わかりやすい」ことの追求が、きわめて20世紀的なのであり、今日ある多くの問題の源泉だと僕は考えている。

都市システムを解体することが、21世紀的な行為ではないか。それがいまのオーガニック運動の本質なのではないか、とも思う。

たとえば、都心の車の交通量はあきらかに減っている。ならば、表参道の真ん中をつぶして歩道にし、両側を車道にしてみたらどうだろう。都市の中心は車ではなく、人であることを思い出した方がいいからだ。道の真ん中を人が歩いた方が気持ちいいに決まっているし、そこで近隣の農家の野菜を売ればいい。表参道市場を作って、「いい服といい食べ物を表参道で買う」というスタイルを定着させるのだ。

また生活者として都市に反抗するなら、僕のように都市に定住せずあちこち飛び回るか、半分郊外、半分都市といったかたちで暮らしを分割し、バランスを取ることが重要だと考えている。あるいは、居住地、通勤地に加えて、もうひとつ郊外の別の地を持つこと。第1章で述べた「第三の土地」である。ＩＴ社会が高度化することによって、都市に定住しなくてもいい時間が増え、情報システムに裏で支えられた「効率化」が進むだろうから、バランスを取るためにも早めに自然に近い場所を確保する必要がある。

いまでもその考えは変わらないし、自らも実践しているつもりだ。そういった移動行為が、僕なりの「ノマドロジー」なのである。

なぜ、いまオーガニックなのか？　それをもう一度考えてほしい。

急務なのは、どこよりも早く、効率化モデルの「次」を探すことである。言いかえれば、20世紀的、アメリカ的価値観からの脱却である。

質より量の時代は、完全に過ぎ去った。効率化モデルの金融は崩壊し、効率化モデルの都市生活ももうじき崩壊するだろう。

　オーガニックという思想からはじまるあたらしい生活者の登場が、あたらしい街作りの肝となり、今日の問題の解決の糸口になると僕は強く思う。

おわりに

僕の考え方の基本的なスタンスは、すべてのものは繰り返す、である。なぜなら、人の鼓動にしても、太陽や月の運行にしても、自然と呼ばれるものの多くは、何度も何度も繰り返しているからだ。繰り返すというより、リズムがある、と言い換えた方がよいだろう。まったく同じことが起きるのではなく、リズムがあり、少しずつ変化をしながら、同じようなことがまた起きるのである。

昨今の金融危機を鑑《かんが》み、１９２９年の世界恐慌に重ねて見る考え方がある。しかし、僕は１８６０年代にとても近いのではないか、とずっと思っている。それは、世界でももっとも力がある大国アメリカのトップであるオバマ大統領が、自分をリンカーンになぞらえているからに他ならない。１８６１年にリンカーンが大統領に就任し、その後、奴隷解放を大義にした南北戦争が起きる。そして日本は開国し、明治を迎えることになる１８６０年代。

僕の興味は経済でも政治でもなく、その時代の「表現」だ。

1860年代以降の表現は、主流だった写実主義から、その後、もっと精神性をあらわにした抽象主義へとゆっくりと変わっていった。だから、現在の表現も、昨今のドキュメンタリーのようなスタイルから、もっと精神性に富んだものに、時間をかけて移っていくことだろう。

果たして、僕らはあたらしい時代を迎えることができるのだろうか？

一方で、飛行機やインターネットがない過去と照らし合わせるのはナンセンスである、という考え方もある。それはもっともで、いまさら携帯やコンピュータがない生活は、なかなか考えづらい。

しかし、食べ物はどうだろう？　20世紀に工業化した食物を、もう一度19世紀に戻すことはできないだろうか？　もちろん爆発的な地球の人口増加があるので、すべてを戻すのは無理にしろ、もっとその可能性を追求できるのではないか？

むしろ、情報技術やあたらしいライフスタイルにフィットする、工業化以前の作物の作り方を考えられるのではないか、と思ったのが、僕がオーガニックに興味を抱いたきっかけのひとつだった。コンピュータがない生活は無理でも、食物の作り方を少し昔に戻すのは、できなくはない。まずは、小さいことでもやってみることが大事なのは、言うまでもない。

本書は、集英社新書の千葉直樹さん、出版プロデューサーの久本勢津子さん、データを根気よく整理してくれた庄司里紗さんに大変お世話になった。本来の出版予定より1年近くも遅れ、遅筆の僕に辛抱強くおつき合いくださったことを、感謝申し上げます。

08年に1年間住んだロンドンで僕にいろいろ教えてくれたマイケル&スーザン・コッペルマンご夫妻、ティム&リコご夫妻、鳥羽信博君、小西万紀子さん、久美子さんご姉妹、作曲家のYouki Yamamotoさんにこの場を借りて御礼申し上げます。

08年1年間で、ポンド対円の為替は、250円台から120円台まで急落し、まさにファンド帝国と呼ばれた金融大国イギリスの変化を、僕は目の当たりにすることができました。その後、一時帰国し、ここ数年僕に添ってくれた妻と正月に東京で結婚し、09年からは夫婦でバルセロナに住んでいます。今後も日々大きく揺れ動く世界を、常に移動しつづけながら、自分自身の目で時代を見極めて行きたいと思います。
また早々に！

2009年　秋　ヘルシンキにて

高城　剛

参考文献・資料

書籍

高城剛『サヴァイヴ！南国日本』集英社、２００７年
トーマス・フリードマン『フラット化する世界（上・下）増補改訂版』日本経済新聞出版社、２００８年
トーマス・フリードマン『グリーン革命（上・下）』日本経済新聞出版社、２００９年
岡村貴子『オーガニック入門』ソニー・マガジンズ、２００７年
須永晃子『リアル・オーガニック・ライフ』グラフ社、２００８年
久保田裕子『有機食品Ｑ＆Ａ』岩波ブックレット、２００３年
日本経済新聞社編『イギリス経済再生の真実』日本経済新聞出版社、２００７年
神野直彦『人間回復の経済学』岩波新書、２００２年
林信吾『イギリス型〈豊かさ〉の真実』講談社現代新書、２００９年
山口二郎『ブレア時代のイギリス』岩波新書、２００５年
福島清彦『ヨーロッパ型資本主義』講談社現代新書、２００２年
入江敦彦『ゲイ・マネーが英国経済を支える⁉』洋泉社、２００８年

ジャック・アタリ『21世紀の歴史』作品社、２００８年
浜矩子『グローバル恐慌』岩波新書、２００９年
武田邦彦『偽善エコロジー』幻冬舎新書、２００８年
持田鋼一郎『世界が認めた和食の知恵　マクロビオティック物語』新潮新書、２００５年

DVD

『ジェイミーのスクール・ディナー』DVD－BOX　アーティストハウスエンタテインメント、２００７年

雑誌

「週刊東洋経済」２００９年4月4日号、東洋経済新報社
「週刊エコノミスト」２００７年6月12日号、毎日新聞社
「オルタナ　No.５」２００７年12月、株式会社オルタナ
「日経ビジネス」２００９年5月4日号、日経ＢＰ社

高城 剛（たかしろ つよし）

一九六四年、東京都生まれ。映像作家・DJ。日本大学芸術学部在学中に「東京国際ビデオ・ビエンナーレ」でグランプリ受賞。CM、音楽、映画制作などメディアと国境を超えて活動中。総務省情報通信審議会専門委員などをつとめる。著書に『ヤバいぜっ！ デジタル日本』（集英社新書）、『「ひきこもり国家」日本』（宝島社新書）、『サバイバル時代の海外旅行術』（光文社新書）など。

オーガニック革命《かくめい》

二〇一〇年一月二〇日 第一刷発行

集英社新書〇五二六B

著者……高城《たかしろ》 剛《つよし》

発行者……舘 孝太郎

発行所……株式会社集英社

東京都千代田区一ツ橋二-五-一〇 郵便番号一〇一-八〇五〇

電話 〇三-三二三〇-六三九一（編集部）
〇三-三二三〇-六三九三（販売部）
〇三-三二三〇-六〇八〇（読者係）

装幀……原 研哉

印刷所……凸版印刷株式会社

製本所……加藤製本株式会社

定価はカバーに表示してあります。

© Takashiro Tsuyoshi 2010

ISBN 978-4-08-720526-8 C0236

造本には十分注意しておりますが、乱丁・落丁（本のページ順序の間違いや抜け落ち）の場合はお取り替え致します。購入された書店名を明記して小社読者係宛にお送り下さい。送料は小社負担でお取り替え致します。但し、古書店で購入したものについてはお取り替え出来ません。なお、本書の一部あるいは全部を無断で複写複製することは、法律で認められた場合を除き、著作権の侵害となります。

Printed in Japan

社会――B

a pilot of wisdom

その死に方は、迷惑です　本田桂子
政党が操る選挙報道　鈴木哲夫
テレビニュースは終わらない　金平茂紀
ビートたけしと「団塊」アナキズム　神辺四郎
王様は裸だと言った子供はその後どうなったか　森　達也
銀行　儲かってます！　荒　和雄
プロ交渉人　諸星　裕
自治体格差が国を滅ぼす　田村　秀
フリーペーパーの衝撃　稲垣太郎
新・都市論TOKYO　隈　研吾　清野由美
「バカ上司」その傾向と対策　古川裕倫
日本の刑罰は重いか軽いか　王　雲海
里山ビジネス　玉村豊男
フィンランド　豊かさのメソッド　堀内都喜子
B級グルメが地方を救う　田村　秀
ファッションの二十世紀　横田一敏
大槻教授の最終抗議　大槻義彦

野菜が壊れる　新留勝行
「裏声」のエロス　高牧　康
悪党の金言　足立倫行
新聞・TVが消える日　猪熊建夫
銃に恋して　半沢隆実
代理出産　大野和基
マルクスの逆襲　三田誠広
ルポ　米国発ブログ革命　池尾伸一
今日よりよい明日はない　玉村豊男
日本の「世界商品」力　嶌　信彦
公平・無料・国営を貫く英国の医療改革　武内和久　竹之下泰志
日本の女帝の物語　橋本　治
食料自給率100%を目ざさない国に未来はない　島﨑治道
自由の壁　鈴木貞美
若き友人たちへ　筑紫哲也
他人と暮らす若者たち　久保田裕之
男はなぜ化粧をしたがるのか　前田和男

集英社新書　好評既刊

政治・経済――A

アメリカの経済支配者たち　広瀬 隆
笑いの経済学　木村 政雄
文明の衝突と21世紀の日本　S・ハンチントン
ユーロ・ビッグバンと日本のゆくえ　長坂 寿久
沖縄、基地なき島への道標　大田 昌秀
「借金棒引き」の経済学　北村 龍行
台湾革命　柳本 通彦
個人と国家　樋口 陽一
アメリカの巨大軍需産業　広瀬 隆
現代イスラムの潮流　宮田 律
機密費　歳川 隆雄
サイバー経済学　小島 寛之
貧困の克服　アマルティア・セン
集団的自衛権と日本国憲法　浅井 基文
クルド人 もうひとつの中東問題　川上 洋一
外為市場血風録　小口 幸伸
魚河岸マグロ経済学　上田 武司
移民と現代フランス　M・ジョリヴェ
メディア・コントロール　N・チョムスキー
緒方貞子－難民支援の現場から　東野 真
アメリカの保守本流　広瀬 隆
「憲法九条」国民投票　今井 一
「水」戦争の世紀　M・バーロウ T・クラーク
国連改革　吉田 康彦
9・11《ナイン・イレヴン》ジェネレーション　岡崎 玲子
朝鮮半島をどう見るか　木村 幹
誇りと抵抗　アルンダティ・ロイ
イラクと日本　宮田 律
帝国アメリカと日本 武力依存の構造　C・ジョンソン
覇権か、生存か　N・チョムスキー
サウジアラビア 中東の鍵を握る王国　A・バスブース
戦場の現在　加藤健二郎
著作権とは何か　福井 健策

a pilot of wisdom

北朝鮮「虚構の経済」　今村弘子
終わらぬ「民族浄化」セルビア・モンテネグロ　木村元彦
韓国のデジタル・デモクラシー　玄武岩
フォトジャーナリスト13人の眼　日本ビジュアル・ジャーナリスト協会編
反日と反中　横山宏章
フランスの外交力　山田文比古
人民元は世界を変える　小口幸伸
チョムスキー、民意と人権を語る　N・チョムスキー　聞き手・岡崎玲子
人間の安全保障　アマルティア・セン
姜尚中の政治学入門　姜尚中
台湾　したたかな隣人　酒井亨
反戦平和の手帖　喜納昌吉　C・ダグラス・ラミス
日本の外交は国民に何を隠しているのか　河辺一郎
戦争の克服　阿部浩己　鵜飼哲　森巣博
「権力社会」中国と「文化社会」日本　王雲海
みんなの9条　「マガジン9条」編集部編
「石油の呪縛」と人類　ソニア・シャー

死に至る会社の病　大塚将司
何も起こりはしなかった　ハロルド・ピンター
増補版日朝関係の克服　姜尚中
憲法の力　伊藤真
「お金」崩壊　青木秀和
イランの核問題　T・デルペシュ
憲法改正試案集　井芹浩文
狂気の核武装大国アメリカ　H・カルディコット
コーカサス　国際関係の十字路　廣瀬陽子
オバマ・ショック　越智道雄　町山智浩
資本主義崩壊の首謀者たち　広瀬隆
イスラムの怒り　内藤正典
中国の異民族支配　横山宏章
ガンジーの危険な平和憲法案　C・ダグラス・ラミス
リーダーは半歩前を歩け　姜尚中
邱永漢の「予見力」　玉村豊男

文芸・芸術――F

a pilot of wisdom

a pilot of wisdom

集英社新書　好評既刊

若き友人たちへ――筑紫哲也ラスト・メッセージ
筑紫哲也　0515-B
生前、著者が行っていた大学院での講義録に残されていた筑紫哲也、日本人への最後のメッセージを公開。

社会主義と個人
笠原清志　0516-A
旧ユーゴとポーランドでの聞き取り調査を通し、社会主義とは何かを、歴史に翻弄された市民の視線で考える。

新型インフルエンザ　本当の姿
河岡義裕　0517-I
ウイルス研究の世界的権威が、猛威をふるう新型インフルエンザのメカニズムと、その対策を明らかにする。

他人と暮らす若者たち
久保田裕之　0518-B
一人暮らしではなく、恋人や家族との同居でもない若者の新しい居住の形をロスジェネ世代の著者が考察。

藤田嗣治　手しごとの家〈ヴィジュアル版〉
林　洋子　015-V
ドールハウスからお手製食器まで。秘蔵グッズなど多くの初公開図版で迫る、まったく新しいフジタ論。

自由をつくる　自在に生きる
森　博嗣　0520-C
真の意味での自由をつくることが、誰にとっても最大の喜び。人気作家が明かす自在で豊かな人生への道。

聖なる幻獣〈ヴィジュアル版〉
立川武蔵・著　大村次郷・写真　016-V
龍、一角獣、スフィンクス…。人間が考え出した幻獣たちが人間文化の中で果たした働きを紹介します。

不幸な国の幸福論
加賀乙彦　0522-C
精神科医、心理学者でもある作家が伝授する幸福になるための発想の転換法とは？　不幸な時代に必読の書。

マイルス・デイヴィス　青の時代
中山康樹　0523-F
マイルスを感じ、ジャズを知る。そのために最も魅力的な時代を解き明かし、ジャズの新たな楽しみを探る。

男はなぜ化粧をしたがるのか
前田和男　0524-B
古墳時代から現代にいたるまで「男の化粧」はどんな意味と価値を持っていたのか。史料を駆使して描く。

既刊情報の詳細は集英社新書のホームページへ
http://shinsho.shueisha.co.jp/